# 大和日記

西

日本

YAMATO DIARY

小林賢伍

KENGO KOBAYASHI

盧慧心、蔡宜玲——譯

【大和・倭・やまと】

日本的古稱，也代表日本特有的事物。

從遙遠的往昔至近代的日本，
西日本一向是文化的中心，扮演著重要的角色。
西日本的角落，「大和」興起。
或許，那也正是
我的起源地。

崇敬自然，相信萬事萬物都棲息著神靈，
日本特有的信仰備受讚譽。
是什麼樣的精神與智慧支持著日本人對事物的觀點？
孕育豐富資源的山岳，絕景、神社、祕境。
這個國家擁有的，
「不變之物」
「不可遺忘之事」
為了追尋根源，我踏上了這條路。

初次見面，
大和之西。

攝影師 · 旅行作家
小林賢伍

【大和・倭・やまと】

日本特有の事物であることを表す、日本の古称。

遥か昔から近代日本に至るまで、
西日本は文化の中心として、大きな役割を遂げてきた。
西の方角は、「大和」のはじまり。
もしかすると、そこには
わたしの起源があるのかもしれない。

自然を畏れ、この世に存在する多くの物に神が宿るとする信仰
世界から讃えられてきた日本人が有する
物事の見方を支える精神、知恵
豊富な資源を育む山岳、絶景・神社・秘境
この国にある
「変わらないもの」
「忘れてはいけないもの」
わたしを知るために、わたしは今歩く

初めまして
西の大和

写真家 ・ 旅行作家
小林賢伍

## 目次 CONTENTS



# 西の大和 YAMATO WEST

## 大和絕景 115 選

**WITH AMAZING VIEWS · THE BEST 115 OF YAMATO WEST**

## 関西地方 | KANSAI REGION

奈良県 | 京都府 | 滋賀県 | 三重県 | 和歌山県 | 大阪府 | 兵庫県

**関西地圖 26 選**

## 中国地方 | CHUGOKU REGION

鳥取県 | 島根県 | 山口県 | 広島県 | 岡山県

**中国地圖 23 選**



## 四国地方 | SHIKOKU REGION

香川県 | 徳島県 | 高知県 | 愛媛県

**四国地圖 19 選**



## 九州地方 | KYUSHU REGION

福岡県 | 大分県 | 宮崎県 | 鹿児島県 | 熊本県 | 佐賀県 | 長崎県

**九州地圖 47 選**

# 西の琉球 RYUKYU KINGDOM

## 海島絕景 10 選

**ISLANDS OF WONDER · THE BEST 10 OF OKINAWA**

## 沖縄地方｜OKINAWA REGION

**沖縄県**

**沖縄地圖 10 選**

# 西の神社 SHRINE · KAMIYASHIRO

## 神社絕景 15 選

PLACES WHERE GODS LIVE · THE BEST 15 SHRINES OF WESTERN JAPAN

### 神的居所 | GODS' REGION

宮崎県 | 香川県 | 岡山県 | 島根県 | 徳島県 | 鹿児島県 | 熊本県 | 山口県 | 三重県
京都府 | 佐賀県 | 長崎県

### 神社地圖 15 選

沖縄地方
OKINAWA REGION
中国地方
CHUGOKU REGION
SHIMAN
島根県
HIROSHIMA
広島県
YAMAGUCHI
山口県
EHIME
愛媛県
九州地方
KYUSHU REGION
FUKUOKA
福岡県
SAGA
佐賀県
OITA
大分県
KUMAMOTO
熊本県
長崎県
NAGASAKI
MIYAZAKI
宮崎県
KAGOSHIMA
鹿児島県

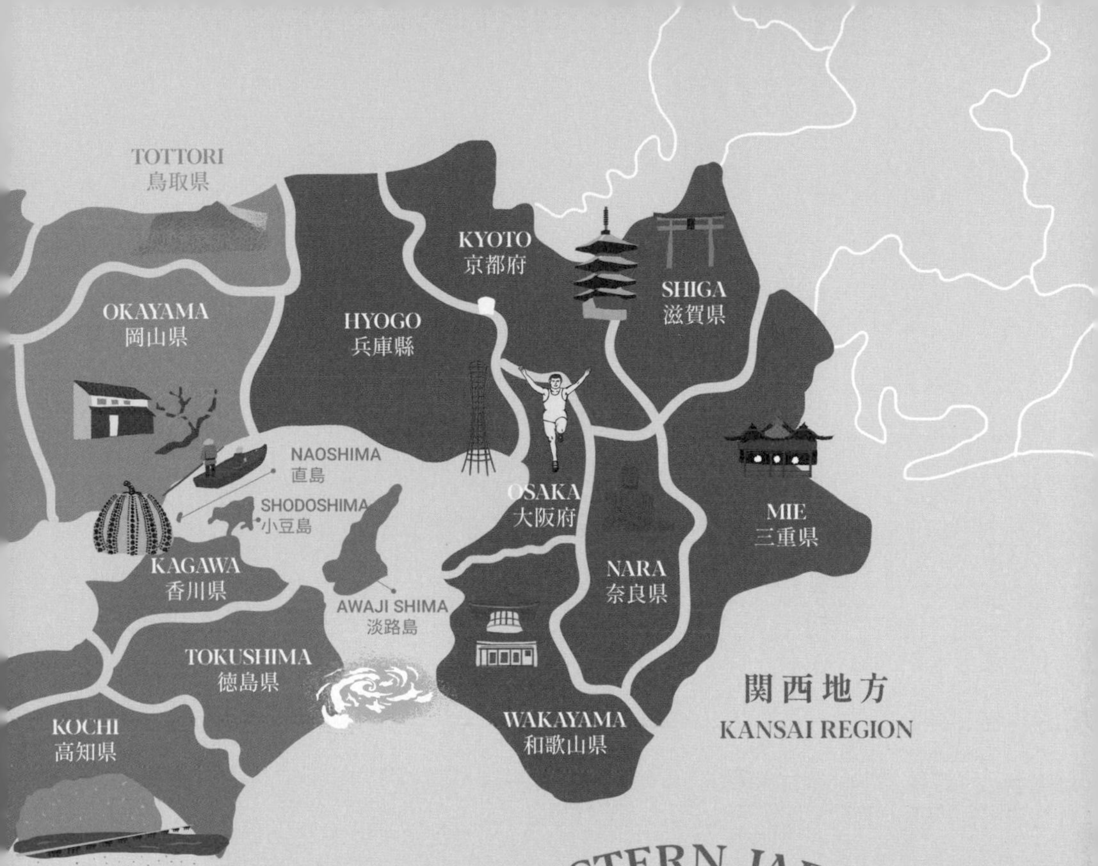


# WESTERN JAPAN

# 西日本

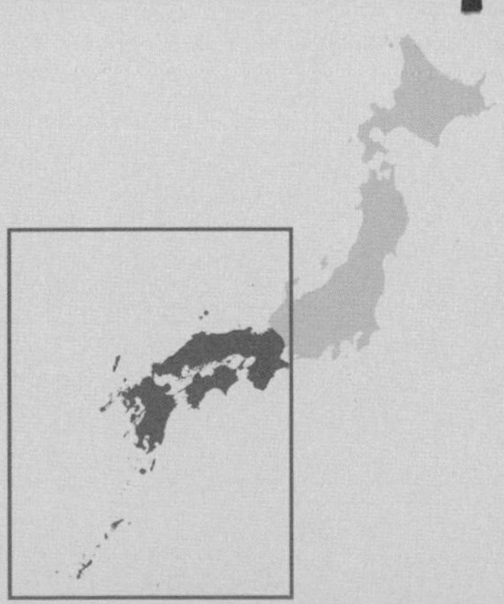

**関西地方**
KANSAI REGION

四国地方
SHIKOKU REGION

中国地方
CHUGOKU REGION

**九州地方**
KYUSHU REGION

沖縄地方
OKINAWA REGION

Y A M A T O

# 西の大和

## W E S T

大和絶景 115 選

WITH AMAZING VIEWS · THE BEST 115 OF YAMATO WEST

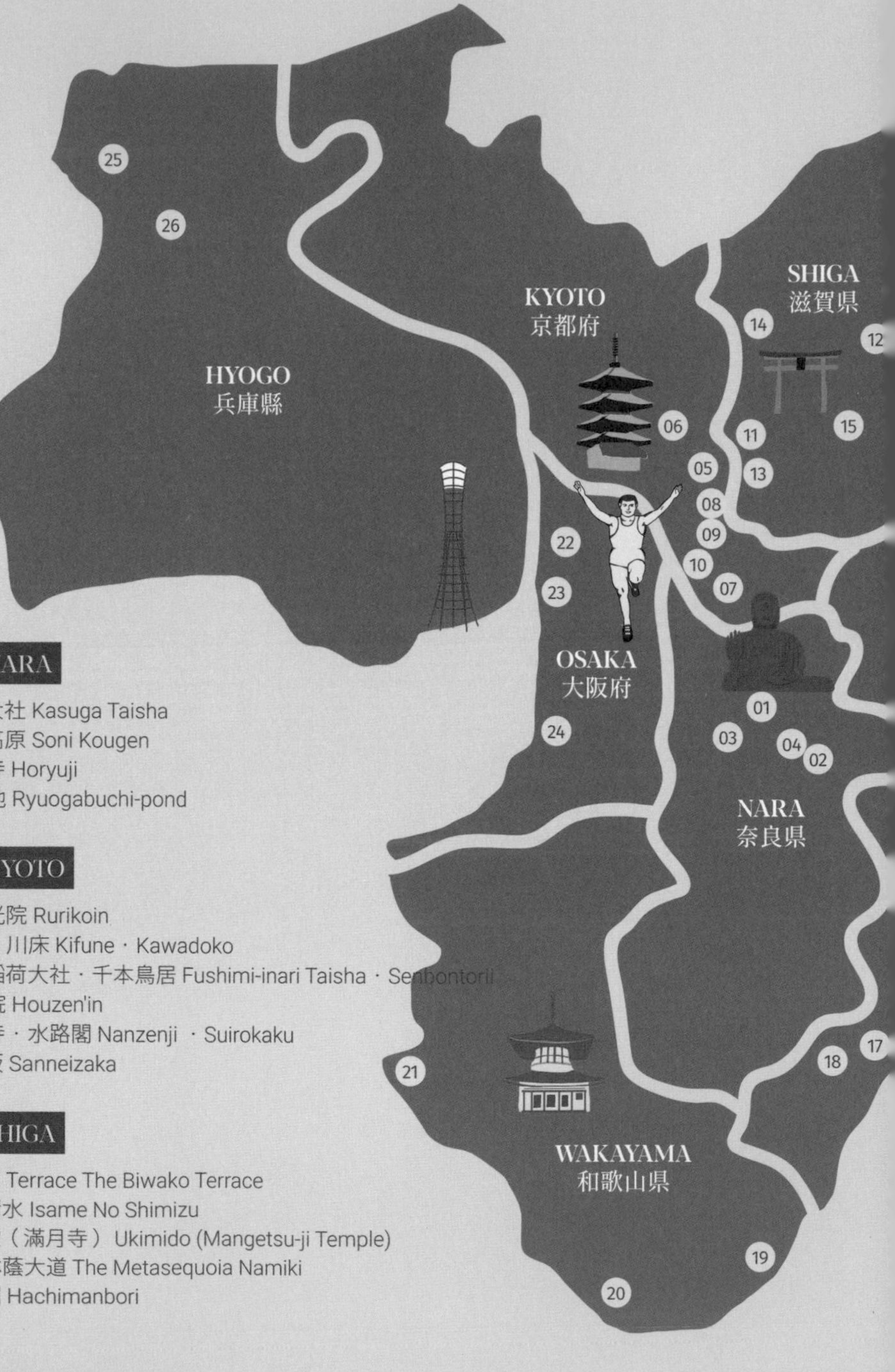


## 奈良県 NARA

**01** 春日大社 Kasuga Taisha
**02** 曽爾高原 Soni Kougen
**03** 法隆寺 Horyuji
**04** 龍王池 Ryuogabuchi-pond

## 京都府 KYOTO

**05** 瑠璃光院 Rurikoin
**06** 貴船・川床 Kifune・Kawadoko
**07** 伏見稲荷大社・千本鳥居 Fushimi-inari Taisha・Senbontorii
**08** 法然院 Houzen'in
**09** 南禪寺・水路閣 Nanzenji ・Suirokaku
**10** 産寧坂 Sanneizaka

## 滋賀県 SHIGA

**11** 琵琶湖 Terrace The Biwako Terrace
**12** 居醒清水 Isame No Shimizu
**13** 浮御堂（滿月寺） Ukimido (Mangetsu-ji Temple)
**14** 水杉林蔭大道 The Metasequoia Namiki
**15** 八幡堀 Hachimanbori

KANSAI REGION

# 関西

奈良県　京都府　滋賀県　三重県
和歌山県　大阪府　兵庫県

INDEX NO.1-NO.26

### 三重県 MIE

16 楯之崎 Tategasaki
17 鬼之城 Onigajo
18 丸山千枚田 Maruyama Senmaida

### 大阪府 OSAKA

22 慶頂山・勝尾寺 Ouchouzan・Katsuoji
23 秀望台（五月山兜風 Way）
Shuboudai（Satsukiyama Driveway）
24 岸和田城 Kishiwadajou

### 和歌山県 WAKAYAMA

19 那智瀑布 Nachi Falls
20 鳳凰褶曲 Phoenix Foldings (Earthcache)
21 白崎海洋公園 Shirasaki Kaiyo Park

### 兵庫県 HYOGO

25 白髪瀑布 Shiwagara Falls
26 竹田城跡 Takeda Castle Ruins

# 春日大社

## Kasuga Taisha

1

作為日本建國史上無法忽略的「大和朝廷」發祥地，過去被稱為「大和之國」的奈良縣，現今仍有大量的歷史建築物矗立在全縣縣境中。即使如此，東大寺全國春日神社的總本社「春日大社 *」仍是會想搶先造訪的場所，此地也已經列入聯合國世界文化遺產清單「古都奈良的文化財」之一。漆成鮮豔的朱紅色的正殿、陳列著無數的燈籠，以及在神社內堂皇林立的天然杉樹中自由漫步的鹿。這裡存有日本庭園特有的靜寂與神聖感。看著正在打掃整理神社的神主與巫女（在神社中工作的男性與女性）的忙碌姿態，襯托著社境中多種多樣的花草樹木，在從古至今都被稱為神域的春日大社中，似乎八百萬神明大人悄然佇立在此。

日本定都於奈良時，被稱為奈良時代（710 年～ 784 年），起初，武甕槌命大人在奈良首度祭祀從茨城縣鹿島古遠的神域御蓋山傳來的神靈，這被認為是春日大社的

起源。傳說中，武甕槌命大人乘著白鹿而來，因此春日大社將「鹿」視為神的來使而被尊崇著。大家都知道在奈良公園餵食鹿群的事，但其實鹿以前是神明呢。請各位一面遙想著 1,300 年前的情景，一面找尋描繪有鹿的燈籠來重整思緒吧。

**豆知識**

春日大社的年度行事（按往年的慣例）

1 月：御祈禱始事、舞樂始事等（成人之日）
2 月：節分萬燈籠（節分之日）
3 月：春日祭、御田植神事
4 月：水古神社鎮花祭
5 月：獻茶祭、薪御能
8 月：中元萬燈籠
10 月～ 11 月：7、5、3
12 月：春日若宮恩祭

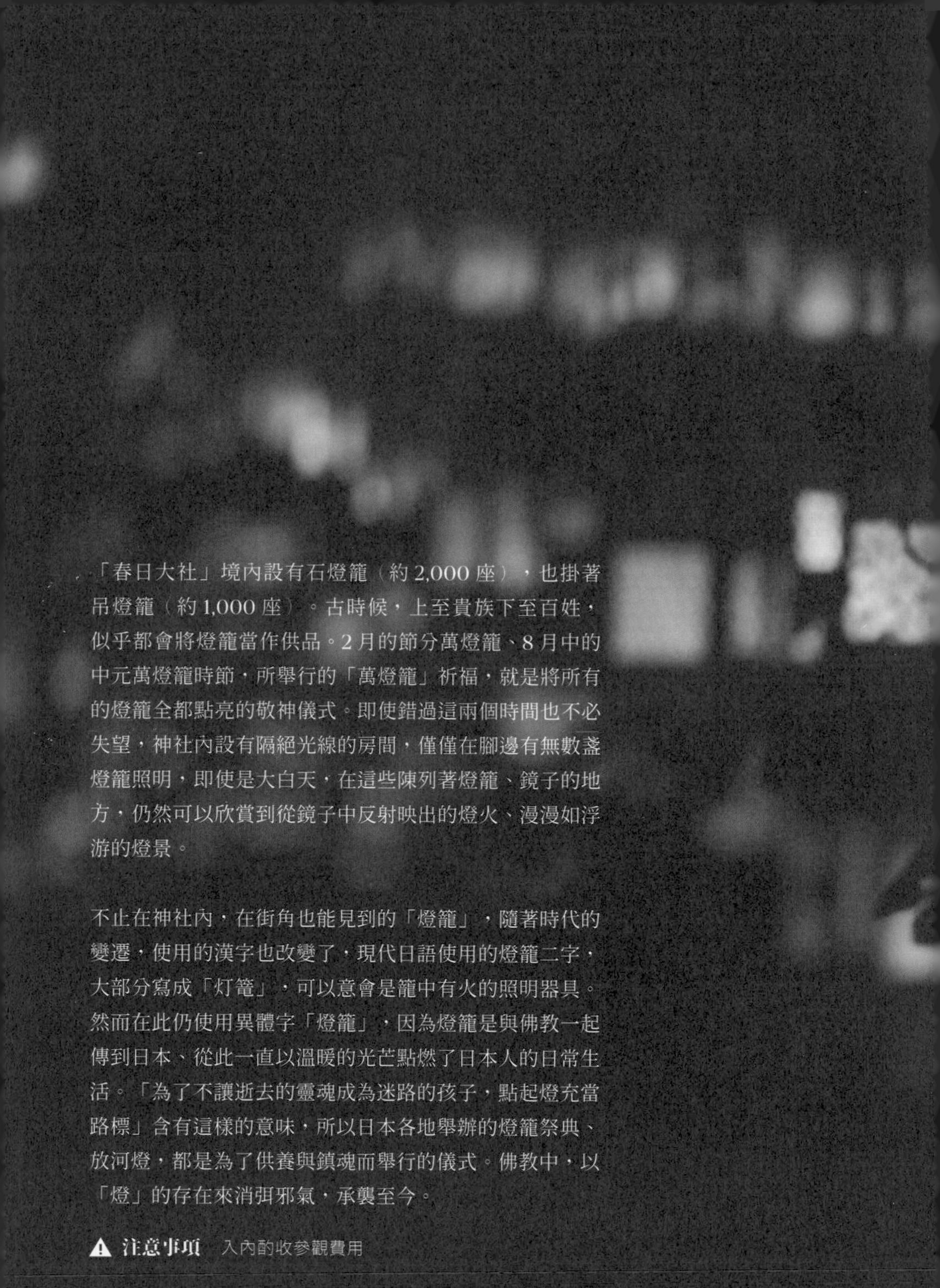

「春日大社」境內設有石燈籠（約 2,000 座），也掛著吊燈籠（約 1,000 座）。古時候，上至貴族下至百姓，似乎都會將燈籠當作供品。2 月的節分萬燈籠、8 月中的中元萬燈籠時節，所舉行的「萬燈籠」祈福，就是將所有的燈籠全都點亮的敬神儀式。即使錯過這兩個時間也不必失望，神社內設有隔絕光線的房間，僅僅在腳邊有無數盞燈籠照明，即使是大白天，在這些陳列著燈籠、鏡子的地方，仍然可以欣賞到從鏡子中反射映出的燈火、漫漫如浮游的燈景。

不止在神社內，在街角也能見到的「燈籠」，隨著時代的變遷，使用的漢字也改變了，現代日語使用的燈籠二字，大部分寫成「灯篭」，可以意會是籠中有火的照明器具。然而在此仍使用異體字「燈籠」，因為燈籠是與佛教一起傳到日本、從此一直以溫暖的光芒點燃了日本人的日常生活。「為了不讓逝去的靈魂成為迷路的孩子，點起燈充當路標」含有這樣的意味，所以日本各地舉辦的燈籠祭典、放河燈，都是為了供養與鎮魂而舉行的儀式。佛教中，以「燈」的存在來消弭邪氣，承襲至今。

⚠ **注意事項**　入內酌收參觀費用

地　址
ADDRESS　奈良県宇陀郡曾爾村太良路

# 曾爾高原
Soni Kougen

2

從標高 1,000 公尺的地方眺望高山、雲海、湖畔與紅色屋頂的住宅。彷彿正在眺望瑞士的少女峰，令人有如此聯想的「曾爾高原」乃是近畿地方的祕境。抹茶色的新綠的大地拓展了視野。不可見的沼地與草木群毫無人跡，卻仍熱鬧地傳來了生態系的合唱。同時間遠方的鹿群在草原上飛騰跳躍著，宛如非日常的世界。

曾爾高原初夏時飛舞著螢火蟲「螢火蟲祭」，秋天日落時則有彷彿被夕照點燃、爍金的蘆葦花，每年冬天過去，蘆葦的花穗乾枯後，在高原引火燒荒，這就是傳承往昔的「燒山*」。雖然將植被大量焚毀，但植物的根保留在地底深處，如蘆葦等植物並不會因此殞沒。生命的智慧與景觀、季度時節交織，堪稱是曾爾高原的無窮變化，眼睛與快門都燃燒了起來！

**豆知識**

何謂燒山？
主要指初春時，放火焚燒山野的枯木、枯草。不只能消滅害蟲，而且灰能變成肥料，幫助新生的草木。

# 法隆寺
## Horyuji

3

國寶級建築物林立、擁有世界最古老的木造建築的「古都、奈良的法隆寺」，也因1993年時代表日本初次登上聯合國世界遺產名單而廣為人知。法隆寺原為傳說中「同時能傾聽十個人說話」的聖德太子（又名廄戶皇子）的父親所留下的遺產，落成於607年，日本最古老的歷史書《日本書紀》記載「在670年失火，全部燒光」，之後在711年時重建。因聖德太子年輕優秀，為了祈求「學業成就」、「入學祈願」，日本各地的學生們都前來造訪。我自己的第一次來參拜也是約莫20年前的修學旅行（日本中小學師生長途旅行、外宿，以學習為目的傳統教學活動）。

法隆寺的五重塔，並未使用釘子，將1,500年前高明的防震技術全都用上了，五重塔採用的乃是被稱為「堆砌式構造」的建築手法。這也是東京天空塔採用的建築法。智慧跨越時代傳承，繼續創造出世界共同的文明遺產。

**▲ 注意事項** 入內酌收參觀費用

地址 ADDRESS 奈良県宇陀市室生向渕

# 4 龍王ヶ渕 Ryuogabuchi-pond

龍王池

集滿了各種優良條件，如「鏡面」般能反射景光的龍王池，即使附近有聚落，現場卻無人聲繁雜，山中只有自己的腳步聲與水邊的生物的聲響。龍王池位於額井岳西側，擋住了風，因此水面能保持著穩定無波的狀態。雖然池水範圍小，然而擁有天

然的避風條件，又有水畔的景色，滿足這兩項要件的池或湖在日本也很少見。可說是拍攝特殊構圖「水鏡 *」的最佳場所。必須注意的是，龍王池附近並沒有洗手間、便利商店，道路狹窄，附近也有民家，請放慢車速，不要影響周圍居民。

**豆知識**

拍攝「水鏡」的訣竅

儘量靠近水面拍攝，才能確保和水面保持平行。

# 瑠璃光院
## Rurikoin

5

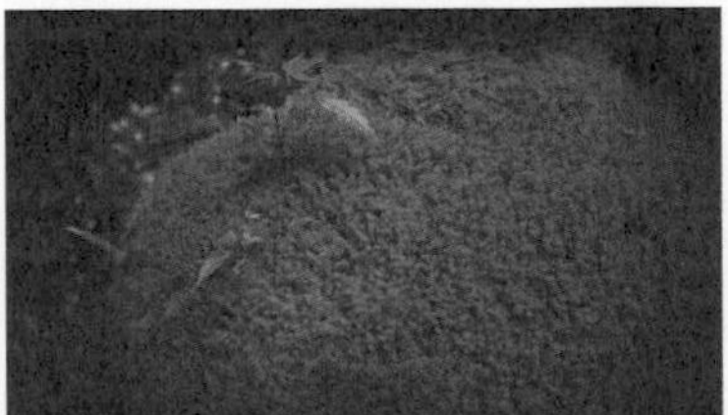

「琉璃光院」乃是京都具有代表性的名勝，也常常登上京都的宣傳海報。高野川的水流聲、樹影，輝映著琉璃色的青苔。主要庭院「琉璃之庭」環抱著主屋，「庭屋如一」，在庭院與建築物之間取得調和的生活空間。寺內人員親切地介紹著：「寺院內的青苔花

了7年才由庭院師育成，數種青苔像絨毯一樣裝飾著地表。這裡有能夠喝抹茶的茶室『喜鶴亭』。還有屬於瀕危物種的森青蛙棲息在院內，院內的『臥龍之庭』能聽見牠們的鳴叫，請務必造訪。」這裡吸引了國內外的許多人參觀，請來此感受日本的四季變化之美。

### ▲ 注意事項

① 付費參觀
② 茶室「喜鶴亭」付費入內

# 貴船・川床
## Kifune・Kawadoko

6

「川床」就是夏天在河畔設有懷石料理的座席，也是夏天的風物詩，始於大正時代，每年5月到9月間，可在河畔乘涼、休憩、品嘗美食。以視覺、聽覺以及日本料理來避暑，可說是奢侈的文化饗宴。此地與京都市內中心地帶比較起來，體感溫度降低10度，可說是避暑地中的名勝「貴船・川床」，不採用京都鴨川那種高高的座席，而是設在與河川相近，幾乎可以被河川的水花噴濺到的地方。穿著和服去「貴船神社*」參拜回來，可以在這裡徹底地品嘗日本文化的深度，貴船・川床的名菜如「骨頭也能下肚的鹽燒鮎魚」等等。來到這裡，一定要享用這些由鮮美的河魚做成的珍饈佳餚。

**豆知識**

**貴船神社是什麼樣的神社呢？**

貴船神社祭祀的是萬物的生命泉源「水神」的總本宮，全國大約有 450 間祭祀水神的神社。本宮參拜道的燈籠並立時，隨季節變幻而有不同的表情，是超有人氣的攝影地點。

京都 Kyoto | 地　址 ADDRESS 京都府京都市伏見区深草藪之内町 68

# 伏見稲荷大社・千本鳥居

## Fushimi-inari Taisha・Senbontorii

# 7

伏見稲荷大社・千本鳥居

---

為了祈求世事如願，江戶時代，將祈禱與感謝的心灌注在此所興建的「伏見稲荷大社」乃日本重要的文化資產。對本地居民來說相當親切的伏見稲荷大社，為日本各地所有稲荷神社（約 3 萬社）的總本宮，主要祀奉的是「稲荷神」，其命名有五穀豐收之意味。

守護範圍從「種植稻穀」到「結實累累」，雖然是因農耕之神受到祭祀，但從上世紀到近代「稲荷神」已成能保佑「買賣繁昌」、「家内安全」之神，加上又能增進信徒才藝，被民眾仰賴的神祇因此擴大了神力，人們也變得更加的虔誠。

大社境內的「千本鳥居」，不分大小，共約有一萬座的鳥居屹立在此。朱紅色被認為是擁有明亮的希望與氣場，也象徵著生命、大地、生產力。日本雖然以「左側通行」為主、神道的規則卻是「右進左出」。所以，千本鳥居的參訪道路應該要從右側進去喔。

伏見稻荷大社所在的稻荷山，標高約 230 公尺，抵達山底「一之峰」的上坡路上一路都是鳥居。在穿過鳥居的上坡階梯上，一邊聊著天，一邊挑戰自己的體力與時間比賽。經過視野開展的「四ツ辻」，最後一站的休憩處有自動販賣機（但仍比平地價格多了一倍）。我在這裡的岔路選擇從右方迴轉，直接登上一之峰前往神社。雖然沒到山頂俯瞰景色，但仍然很有成就感。

下山時可前往觀察被稱為「眷屬」的生物！這個擁有不可思議能力，外表像是白狐，是傳說中伏見稻荷大社的神之使者而受到祭拜。白狐的形象來自牠擁有雪白的毛皮——暗喻擁有無形的力量——會把穀物的天敵老鼠吃掉，還有象徵有德的「寶珠」、收藏重要物品的「鑰匙」、智慧之「書」、五穀豐收的「稻穗」等等。難得造訪伏見稻荷大社，請一定要好好感受這的魅力。

# 8 法然院
Houzen'in

京都府京都市左京区鹿ケ谷御所ノ段町 30

法然院跟鎌倉時代初期專門念誦佛號的僧侶（尤其以南無阿彌陀佛為主）有很深的淵源。法然院也因四周豐富的自然景觀隨著季節變換而著名。

---

# 9

京都府京都市左京区南禅寺福地町

## 南禅寺 · 水路閣
Nanzenji · Suirokaku

南禪寺 · 水路閣

正應 4 年（1291 年）建立的南禪寺，此地使用 100 年以上的煉瓦建造水道橋，混合成獨特的空氣感。目前南禪寺水道仍在使用中、持續從滋賀縣琵琶湖將水引來。

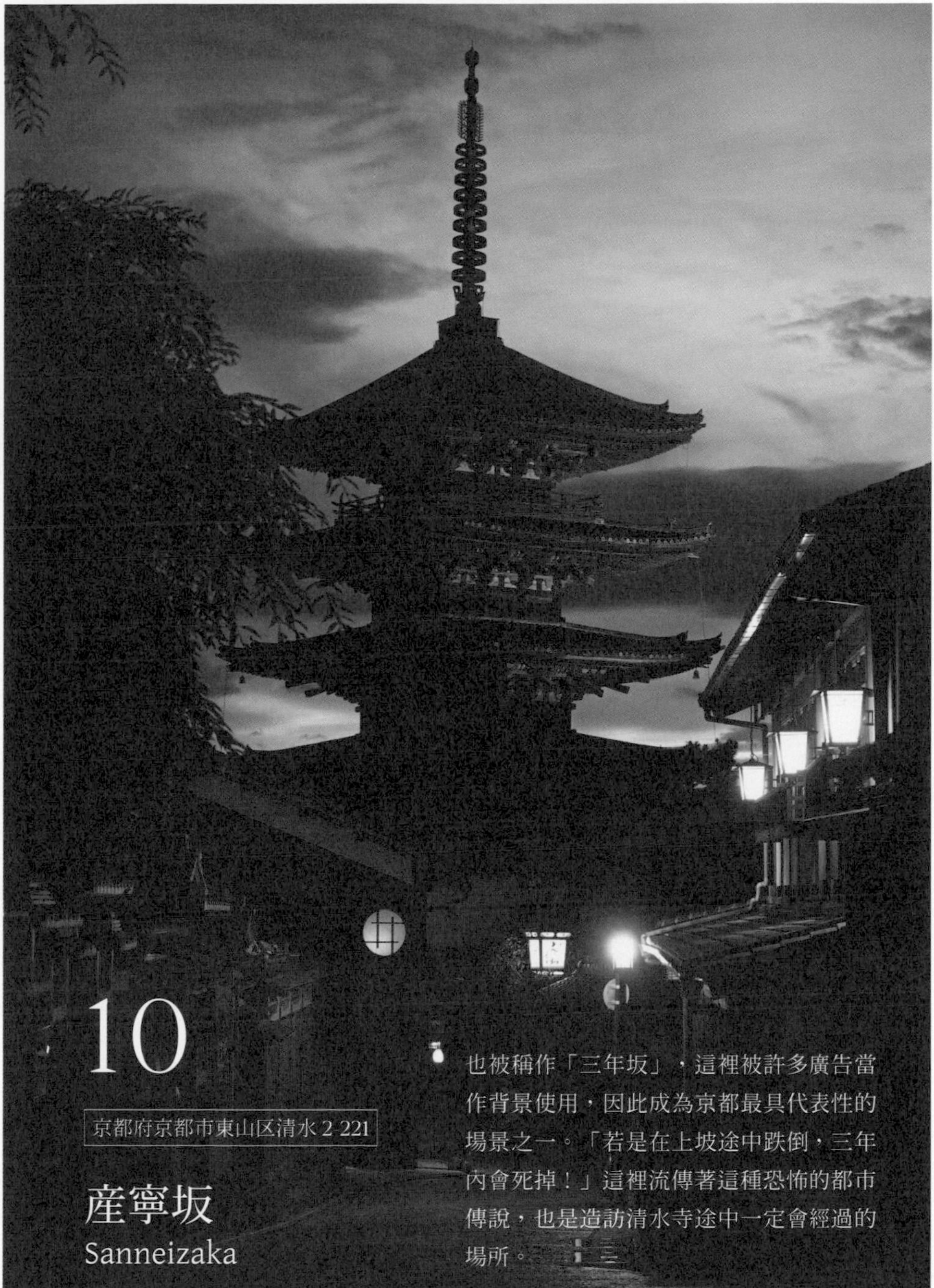

10

京都府京都市東山区清水 2-221

## 產寧坂
Sanneizaka

也被稱作「三年坂」，這裡被許多廣告當作背景使用，因此成為京都最具代表性的場景之一。「若是在上坡途中跌倒，三年內會死掉！」這裡流傳著這種恐怖的都市傳說，也是造訪清水寺途中一定會經過的場所。

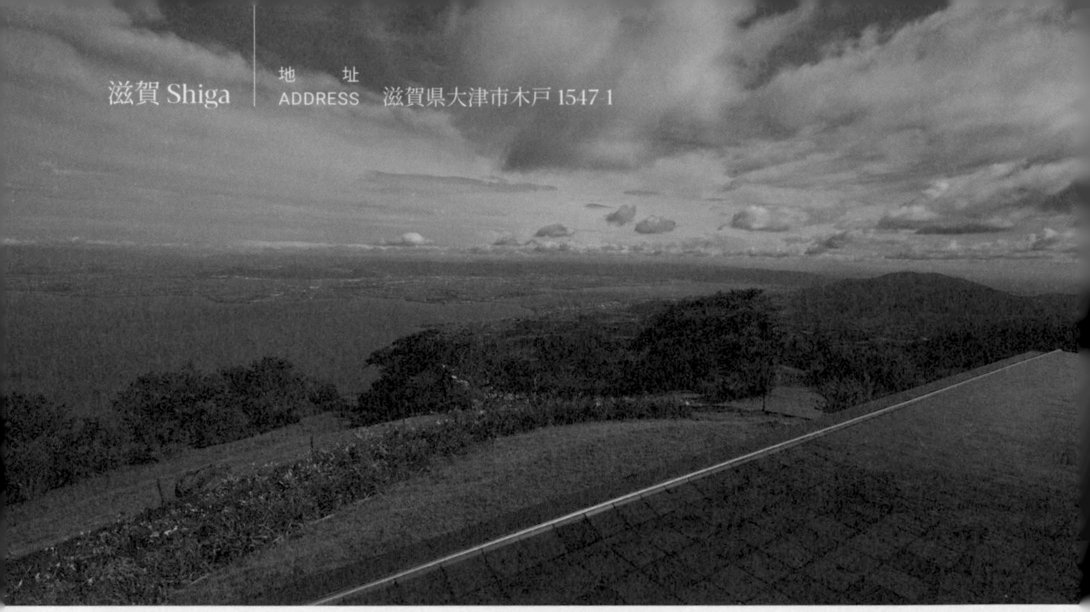

滋賀 Shiga | 地址 ADDRESS 滋賀県大津市木戸 1547-1

# 11 びわ湖テラス
## The Biwako Terrace

琵琶湖 Terrace

「琵琶湖 Terrace」是 2016 年開設的滋賀縣山岳休閒山莊，也是唯一能從高處遠眺琵琶湖*的場所，所以一躍而成有名的觀光勝地，實際一遊，就能明白為何此地的人氣那麼高。

搭乘日本最快速的纜車（每秒 12 公尺）登上標高 1,100 公尺處，移動過程中可以好好眺望遠方大地的美景。抵達目的後，朝訪客迎來的是新鮮的空氣、叫人屏息的美景。此外，還能轉搭升降梯，搭到滑雪高台上，這裡有任何年紀都可操作的遊樂器具，也能在咖啡館拍出美照，提供無限多的可能給人們選擇。黃昏入夜的琵琶湖 Terrace 後雖不營業，但是春天有櫻吹雪、冬天可以滑滑雪，而與大自然共存的山頂展望台，還備有不少飲食場所，滿足了現代人的需要。這個景點因為顛覆了現有的觀光概念而大受矚目。

### 豆知識

**關於琵琶湖**

滋賀縣的六分之一是琵琶湖，別稱為「母親之湖」。滋賀縣環繞著標高約 1,000 公尺的山巒，此地的所有河川幾乎都注入琵琶湖，最深處約 100 公尺，沿岸有 235 公里，水量有 275 億噸，相當於淀川流域 1,450 萬居民 11 年的用水量。搭船進入湖內，很快地就無法看見水平線了，琵琶湖就是這樣的廣大。琵琶湖屬於歷史 10 萬年以上的固有古代湖，目前世界上只有 20 座，琵琶湖就是日本的代表湖。

# 12 居醒の清水
## Isame No Shimizu

居醒清水

清水中有紛紛綻開的小花，「居醒清水」是「梅花藻 *」的聖地，從醒井站走幾分鐘，沿著舊中山道流淌的小河，是生活用水也是醒井週邊生物共有的滋養水源。聽說古代日本皇族「倭武天皇」在對抗伊吹山大蛇的時候，被蛇毒侵犯而倒下，這就是當時為他清洗蛇毒的靈泉。

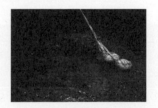

水溫常年維持在 12 度～ 15 度，如同自然的冷藏庫般，當地人在這裡冰鎮西瓜等物的情景，有說不出的可愛。這裡的水質，光看水中的生態系就能明白有多好，像是只在清水中綻放的梅花藻，或是棲息地只侷限在滋賀縣、岐阜縣的瀕危物種「Hariyo」（小型淡水魚）。在居民同心協力的打掃維護下，居醒清水一直保持著良好的生存條件。想讓心境也為之清爽的話，絕對要趁梅花藻的季節來居醒清水一趟。

**豆知識**

**何謂梅花藻？**
只能生長在常年維持 14 度左右的清流中，多年生水草。初夏到初秋之間開花，最佳賞花的時間是 7 月下旬（梅雨結束之際）開始，白色的花會在水中、水面綻開。

滋賀県大津市本堅田 1-16

13

## 浮御堂（満月寺）

## Ukimido (Mangetsu-ji Temple)

有形文化財「浮御堂」，千年以來都是琵琶湖的代表性景觀之一而聞名於世。深受松尾芭蕉（日本江戶時代前期的一位俳諧師）等多位俳句詩人喜愛，境內還留有刻著歌頌此處的著名俳句石碑。

**注意事項** 入內酌收參觀費用

14

滋賀県高島市マキノ町牧

## マキノ高原のメタセコイア並木

## The Metasequoia Namiki

水杉林蔭大道

道路兩側的杉樹在秋天會染得鮮紅，林蔭道的中央附近有停車空間，但與道路平行，往來的車速非常快，因此攝影時一定要注意安全。

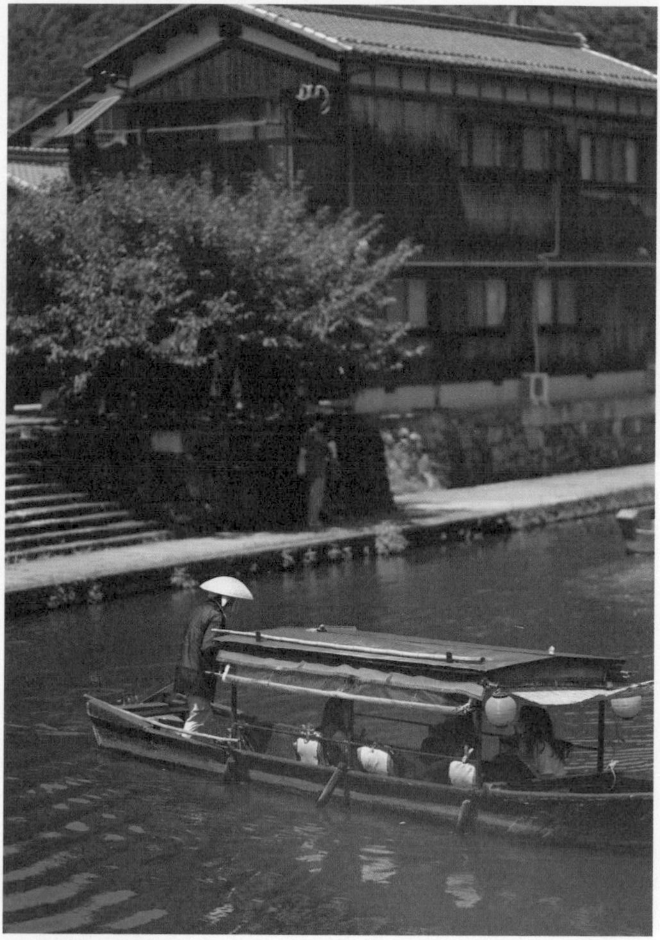

# 15 八幡堀 Hachimanbori

滋賀県近江八幡市大杉町

這裡是隨著戰國時代（1467 年～ 1645 年）建造的水路運輸而發展出來的小鎮。倉庫的白牆併立，充滿年代感的情懷。古船停泊處也值得欣賞。還有自古至今近江商人的信仰中心「日牟禮八幡宮」也請一同造訪。

三重 Mie

地 址 ADDRESS 三重県熊野市甫母町

# 16 楯ヶ崎 Tategasaki

楯之崎

被指定為天然名勝紀念物的「楯之崎」位於三重縣祕境。是個高 80 公尺，周圍 550 公尺，擁有柱狀節理的岩塊，海浪與浪花在上頭翻騰的景觀可謂獨一無二。每天都有喜好冒險的人前來造訪，為了看它一眼，走過蛇、鹿等野生動物出沒的原生態步道，穿過常有落石意外、滿地岩塊的曲折山路，最後來到被稱為「千疊敷」的斜面岩盤上。

從這裡眺望深處的楯之崎，楯之崎正如其名，外形如盾，如果說自然災害像矛一樣，楯之崎就像盾，保護著周遭的景觀。回程的海邊矗立著阿古師神社，正在做道路工程的人告訴我們，這間神社的起源傳說是為了祭祀在熊野海灘上遇難死亡的神武天皇的哥哥「三毛入野命」。

### ▲ 注意事項

此外也能搭乘熊野海上觀覽船（須付費、要預約），可探訪敞開的海上岩洞「熊之口」以及「青色洞窟」。

地　址
ADDRESS　三重県熊野市木本町 1835

# 17 鬼ヶ城 Onigajo

鬼之城

傳說是海盜的大本營、世界遺產「鬼之城」，占據三重縣南部吉野熊野國立公園一角，每一處都是隆起的地殼遭受風化、海浪侵蝕而生的奇景。包括在傳說中猴子也爬不上去而斷念的奇岩峭壁「猿返」，雖令我立刻想起日本的古代童話「桃太郎＊」，但聽說彼此並不相關。

鮫之口就像張開嘴一樣，從入口到海岸線連續約有 1 公里長，高 15 公尺的岩石形成的大浪形狀的「千疊敷」位在最前面。據說是從古至今好幾次大規模地震後才造成的地形隆起，難道真的有海盜們在這裡住過嗎？「鬼的洗澡桶」、「鬼的舞台」、「鱷魚岩」、「木戶之深」，鬼之城內還有各種特殊命名的景點，值得一看。

## 豆知識

**關於日本古代童話《桃太郎》**

「桃太郎」是日本古代著名童話的主人公的名字，當初從桃子中誕生，召集了狗、猴子、老鷹一起成功地討伐了鬼島。當初這個故事的舞台就在瀨戶內海——別名鬼島的女木島。

三重 Mie

地址 ADDRESS 三重県熊野市紀和町丸山

# 丸山千枚田

## Maruyama Senmaida

18

日本最大規模的梯田「丸山千枚田」約有1,300枚（階），從三重縣南部的山間突然出現一望無際的田野。灌溉、播種、耕作，依照不同時節反映在稻田的變化充滿魅力，稻穗迎風如浪翻騰著。丸山千枚田的起源約在400年前，非常古老。平成初期，因人口老化與繼承者不足，梯田有逐漸減少的傾向，但在當地居民的努力下，已經復原成功，現在不但被選入「梯田百選」，在大量的梯田中也獲得了「日本第一梯田」的稱號。四周被山巒包圍著的丸山千枚田，依然有飲食店、免費的化妝室等設施，前往和歌山途中可以到訪此處。每年6、7月舉行「送蟲*」，下次我會趁不同季節來訪。

豆知識

**何謂送蟲儀式？**

日落時分，在1,300多階的梯田中插滿火炬祈求豐收的儀式，梯田也在此轉化為廣大、神祕的世界。

千枚田

地　址
ADDRESS　和歌山県東牟婁郡那智勝浦町那智山

# 19 那智の滝 Nachi Falls

那智瀑布

日本高度第一、水量第一的瀑布「那智瀑布」，「熊也那智大社別宮飛瀧神社」將那智瀑布作為主神祭祀，在神社前雪白的鳥居前行個禮，似乎會迎來那智瀑布的飛沫。那智瀑布作為受到膜拜的主神，神社並沒有神殿，夜裡會亮燈，浴著光的那智瀑布便以「鯉魚登龍門＊」的「龍門」姿態壯觀現身。此外、相較於日光的「華嚴瀑布」、久慈的「袋田瀑布」，此處人與瀑布間的距離是最近的，也最能感受到瀑布的威力。

那智山、那智瀑布，一起登錄在世界遺產條約的文化遺產「紀伊山地靈場與參拜道」內，受到世界級的認可。這項遺產是以橫跨和歌山、二重、奈良三個縣境的「山岳靈場」、「參拜道」以及周圍「文化景觀」為主，是自然、信仰與文化共存的貴重之處。漫步在青苔遍布的石階、坡道的街區，走在杉樹圍繞的小徑中，當地的民眾傳承著熊野的信仰，至今仍歷歷在目。

## 豆知識

**何謂鯉魚登龍門？**

「鯉魚登龍門」傳說中鯉魚越過龍門會變成龍，但龍門設在瀑布上。這裡意指「出人頭地」，是一個日本諺語。作為招來好運的結緣之物，時常出現在繪畫或掛軸上，為人所熟悉。

# 20 フェニックスの褶曲
## Phoenix Foldings (Earthcache)

鳳凰褶曲

收入日本教科書的特殊地質景觀「鳳凰褶曲 *」，一般人是沒辦法前往的，這次受到本地的嚮導幫助，終於能前往參觀。

鳳凰褶曲，約是在 4,000 萬年到 2,000 萬年前之間的地殼變動形成的。應該是砂岩的地層在未凝固時受到陸地一側的擠壓成型。地層全體出現上下顛倒的狀態，全世界研究地層的學者們都為此下過苦功，卻還無法解開鳳凰褶曲誕生的謎團。如同樹木的年輪般，岩層好像在屏息以待。最近幾年當局考慮到珍貴的地層可能會被人為破壞，可能會更嚴格地禁止外人到訪。這裡被認定為重要的祕境，身在其中，能直接感受到地球的力量。

**豆知識**

**為何命名為鳳凰褶曲？**
有好幾個理由，首先，這個地層靠近「天鳥」岩場。當初開設的巴士站也叫「天鳥」，不知不覺中就把這個特殊的褶曲叫做「天鳥褶曲」。地質學者向海外介紹本地時，將天鳥英譯為「不死鳥」，也就是鳳凰。另一個理由是，地層褶曲中有一個很大的曲折處就像是鳳凰交疊的雙翼。也有這個說法。

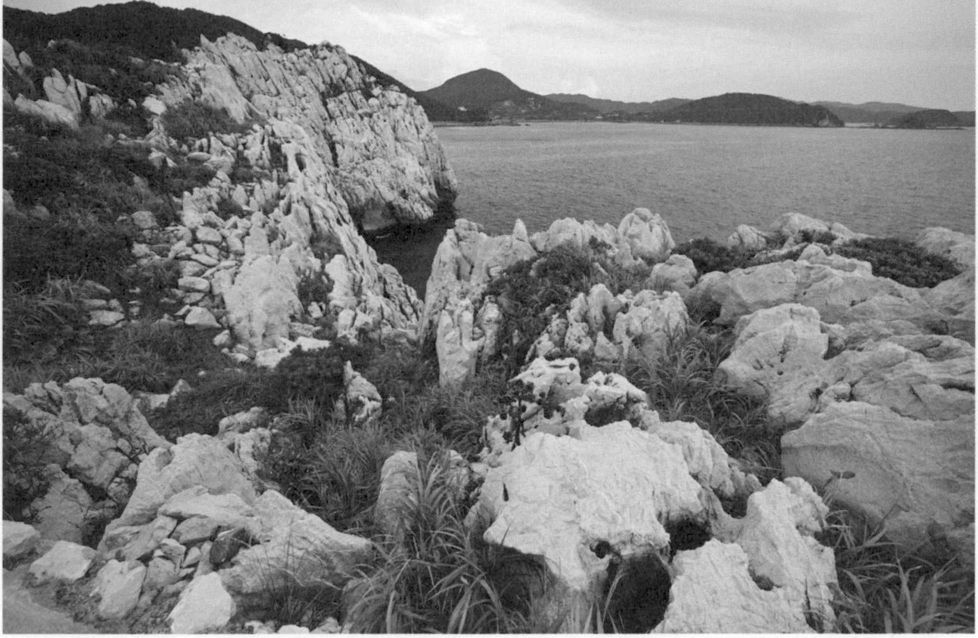

和歌山県日高郡由良町大引 960-1

# 21

# 白崎海洋公園
## Shirasaki Kaiyo Park

雪白的岩石與碧藍的天空、大海交織成美麗的風景，被稱為「日本的地中海」。不只是近代產業的遺跡、也是軍事遺跡的一側，是和歌山縣珍貴的觀光寶地。

大阪 Osaka | 地址 ADDRESS 大阪府箕面市粟生間谷 2914-1

# 22 応頂山・勝尾寺

Ouchouzan・Katsuoji

慶頂山・勝尾寺

「慶頂山・勝尾寺」是達摩不倒翁的桃源鄉，於 7 世紀建成的勝尾寺主神是日本的結緣物「達摩」，因為能「旋轉著身體重新站穩、能戰勝一切狀況的勝利之寺」而被信賴著。由於能在考試、戀愛、運動、病勢等方面獲勝，所以前來祈求好運的人很多。而在挑選日本伴手禮時，我也不假思索地會選擇購買達摩不倒翁。它可愛圓圓的身軀，隨著不同地方、不同的製作方法，有著各式各樣的造型。大殿前販售的木製「達摩籤」，可以放在寺內有好幾處可愛的地方供養。因此，在寺內散步你會隨時見到陳列四處的小達摩，可以說是大阪超上鏡的隱藏版景點。

## 豆知識

**何謂達摩不倒翁許願法？**

一邊許願一邊將左側的眼睛塗黑，願望成真後，再將右側的眼睛塗黑。這個叫做「點眼達摩」。

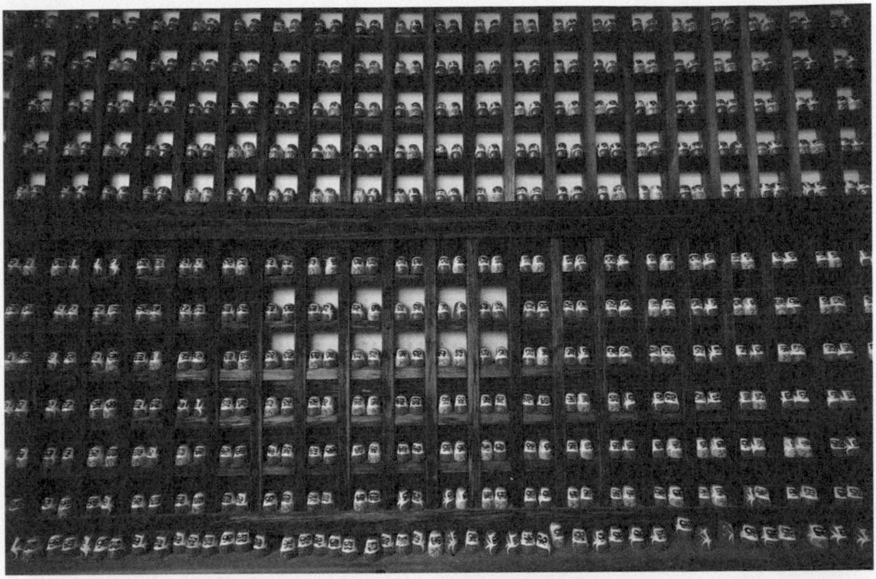

現在來介紹一個從平安時代至今一直都被視為得勝祕訣的「勝利達摩＊」的作法。

(1) 在不同大小的「勝利達摩」中選擇一個「命中注定」的達摩。
(2) 將一年內想達成的目標寫在達摩的背上，然後在達摩的底部寫上為什麼要達成此事。
(3) 使用另外準備的線香，冥想著對人或對事物的感謝。
(4) 許下的願望將化成煙，持著達摩在煙上繞圈，讓整尊達摩都染上煙。這個過程叫做「薰香」。
(5) 向自己立下誓言，為了達成目標，絕不妥協，然後將達摩的右眼塗黑。
(6) 順利達成目標後，再將達摩的左眼塗黑。
(7) 到本殿內報告願望達成，然後將兩眼都點上的勝利達摩供養在奉納棚內。

▲ **注意事項** 入內酌收參觀費用

# 秀望台（五月山ドライブウェイ）
## Shuboudai（Satsukiyama Driveway）

23

**秀望台（五月山兜風 Way）**

標高約 310 公尺，位於「五月山兜風 Way」一角，可在鳥居上遠眺大阪市街景的「秀望台」，對大阪市民來說是賞櫻花與紅葉的著名景點，也是深入人心看夜景的好所在。昭和 33 年（1958 年），付費道路開通後，到此除了能免費進入五月山動物園，還可結合健行活動，因而成為廣受歡迎的行程，適合帶全家大小一塊前來。這裡設有 5 座展望台，能以不同角度眺望大阪平原，我來介紹自己特別有印象的其中 2 座。首先是五月山山頂附近的「日之丸展望台」，登上螺旋梯後，會來到圓柱形的展望台，從高處眺望，可看見遠方的梅田阪急大樓。雖然視野相對狹小，不過下次會想在這嘗試夜間攝影的效果。

另一座是以鳥居作為標誌的「秀望台」，雖然在高樓眺望大阪也很有魅力，但秀望台獲選為「日本夜景 100 選」，可說是大阪首屈一指的景觀地，請一定要來看看。

### ▲ 注意事項

① 全天候禁騎機車。
② 展望台的停車時間到下午 5 點為止（五月山兜風 Way 的行駛時間到晚上 10 點為止），行車管制會隨著特殊活動變動。
③ 秀望台沒有停車場，只能找空地停車，旺季時要特別注意。或者也可以從公園停車場徒步過去，走階梯到秀望台，步程大約 15 分鐘。

# 24 岸和田城 Kishiwadajou

大阪府岸和田市岸城町9－1

最早建於15世紀，「岸和田城」的庭園為日本國家指定名勝，城跡則被大阪府指定為歷史古蹟，別名為「千龜利城」，到此必看的景點有天守閣外以八卦陣為主題的「八陣之庭」。城內的「岸城神社」在祈求姻緣方面也非常有名。這裡同時也是大阪市民春天賞花的著名景點之一。

**注意事項** 入內酌收參觀費用

地　址
ADDRESS　兵庫県美方郡新温泉町海上

# 25 シワガラの滝 Shiwagara Falls

## 白髮瀑布

「白髮瀑布」過去曾經是斷絕女色者的修煉聖地，近年來，因成為「行家才知道的兵庫縣祕境」而熱門了起來，吸引不少縣內縣外的冒險者。朝拜瀑布的山路上，千萬不可大意，特別是山路後半，常有落石的岩壁包圍著山路，還會行經依水量多寡不同，水深從腳踝到大腿不等的路徑。透明水下還會見到動物的遺骸，白骨點點，請慎重得如同在「啃東西」般，一步一步慢慢前行吧。

為了觀賞、拍攝白髮瀑布，必須爬進洞窟，在外頭無法看見完全隱藏在內的瀑布。這時，瀑布所發出的轟然聲響就在眼前，請抱著一定會濕身的覺悟，來兵庫縣用眼睛和鏡頭捕捉祕境吧。

地址 ADDRESS 兵庫県朝来市和田山町竹田古城山 16 番地

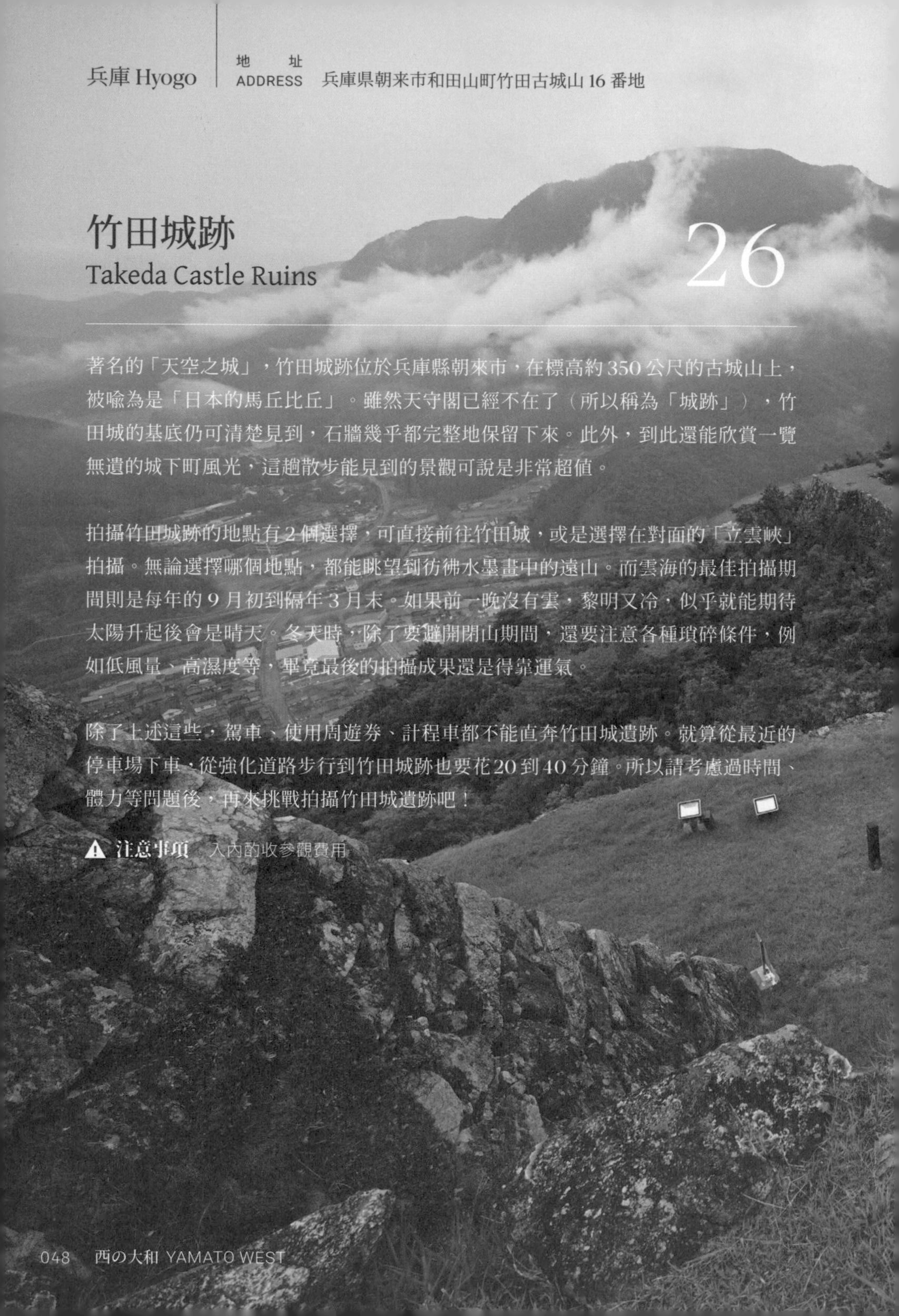

# 竹田城跡

## Takeda Castle Ruins

26

著名的「天空之城」，竹田城跡位於兵庫縣朝來市，在標高約 350 公尺的古城山上，被喻為是「日本的馬丘比丘」。雖然天守閣已經不在了（所以稱為「城跡」），竹田城的基底仍可清楚見到，石牆幾乎都完整地保留下來。此外，到此還能欣賞一覽無遺的城下町風光，這趟散步能見到的景觀可說是非常超值。

拍攝竹田城跡的地點有 2 個選擇，可直接前往竹田城，或是選擇在對面的「立雲峽」拍攝。無論選擇哪個地點，都能眺望到彷彿水墨畫中的遠山。而雲海的最佳拍攝期間則是每年的 9 月初到隔年 3 月末。如果前一晚沒有雲，黎明又冷，似乎就能期待太陽升起後會是晴天。冬天時，除了要避開閉山期間，還要注意各種瑣碎條件，例如低風量、高濕度等，畢竟最後的拍攝成果還是得靠運氣。

除了上述這些，駕車、使用周遊券、計程車都不能直奔竹田城遺跡。就算從最近的停車場下車，從強化道路步行到竹田城跡也要花 20 到 40 分鐘。所以請考慮過時間、體力等問題後，再來挑戰拍攝竹田城遺跡吧！

⚠ **注意事項** 入內酌收參觀費用

## 鳥取県 TOTTORI

**27** 三德山三佛寺・投入堂 Mitoku-san・Sanbutsuji - Nageiredou
**28** 鳥取沙丘 Tottori Sand Dunes
**29** 陸上洞門 Kugamidoumon

## 島根県 SHIMANE

**30** 出雲大社 Izumo Taisha
**31** 出雲日御碕燈塔 Izumo Hinomisaki Lighthouse
**32** 石見疊浦 Iwami Tatamigaura
**33** 足立美術館 Adachi Museum
**34** 龍頭瀑布 Ryuzugadaki

## 山口県 YAMAGUCHI

**35** 秋吉台國定公園 Akiyoshidai
**36** 秋芳洞 Akiyoshido
**37** 角島大橋 Tsunoshima Bridge
**38** 錦帶橋 Kintaikyo
**39** 吉田松陰幽禁舊宅 Yoshidashoin Yushu-no-Kyutaku

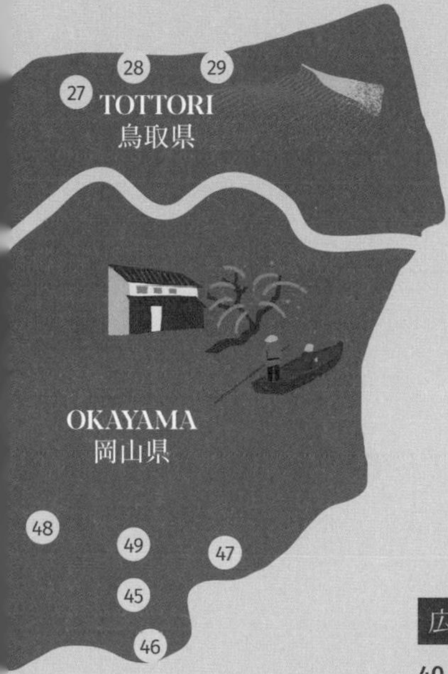


# CHUGOKU REGION

# 中国

鳥取県　島根県　山口県
広島県　岡山県

INDEX　NO.27-NO.49

## 広島県 HIROSHIMA

40 佛通寺 Buttsuji
41 黑瀧山 Kurotakisan
42 耕三寺 Kosanji
43 未來心之丘　Miraishin No Oka
44 竹原老街保存區 Takehara Machinami Conservation Area・堀川餐廳 Horikawa

## 岡山県 OKAYAMA

45 倉敷美觀地區 Kurashiki Bikan Historical Quarter
46 王子岳・微笑岩 Ojigatake・Smile Rock
47 舊閑谷學校 Old Shizutani School
48 羽山溪 Hayamakei
49 八疊岩 Hachijouiwa

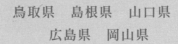

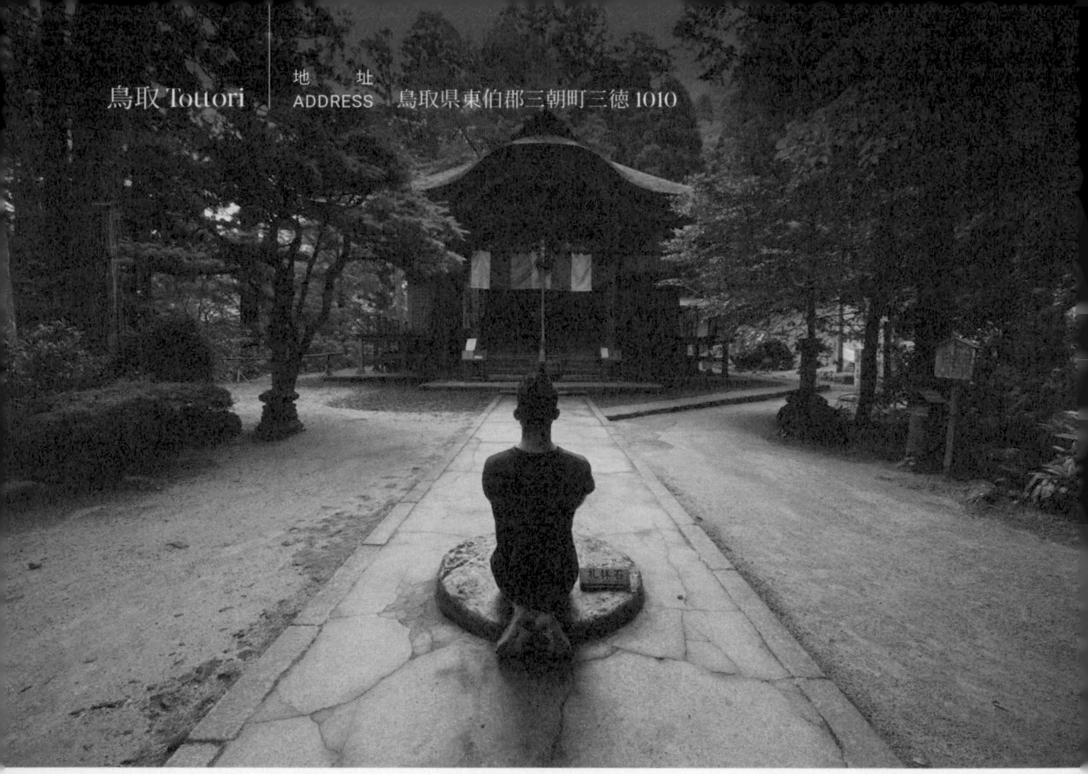



地址 ADDRESS 鳥取県東伯郡三朝町三徳 1010

# 27 三德山三佛寺・投入堂
## Nageiredou

三德山三佛寺・投入堂

「三德山三佛寺投入堂」有日本第一危險的國寶之稱。全日本約有 7 萬 7,000 間寺院，而據說就以通往三佛寺投入堂的路程，最為危險，過去曾發生參拜者從山壁滑落的不幸死亡事故。這樣的登山參拜方式，也是修驗道 * 的修行之一，因此切莫基於好奇心等動機而貿然挑戰。

要前往投入堂，必須先到本堂後方的入山修行受理所登記出發時間，由該處的工作人員檢視服裝和鞋子、說明登山時的注意事項、講解路線再披上輪袈裟 *，經確認且準備完畢後便可出發。穿過結界門跨過宿入橋後，就是通往投入堂的參拜路徑。這條參拜路線絕非平坦道路，基本上是靠腕力和鐵鏈攀附岩壁，給人的感覺是「向上攀爬」而非「前進」。途中會經過獲指定為國家重要文化資產的「文殊堂」和「地

藏堂」。經推定建於室町時代（1336 年～ 1573 年）後期的地藏堂，建於懸崖邊且簷廊未設欄杆，採用與京都清水寺相同的懸造形式。即便三佛寺是修行之地，但在相對重視安全的日本，能有這樣的參拜經驗極其難得。離開地藏堂後，三佛寺奧院的投入堂就在不遠處。

## 豆知識

**· 何謂修驗道？**

融合了日本神道和佛教，將大自然當成神祇敬拜的山岳信仰。修驗道的修行人是在神聖的山中累積修行，以接近神佛的境界為追求目標。

**· 何謂輪袈裟？**

輪袈裟是簡易袈裟，形狀類似選舉候選人的背帶。輪袈裟上寫有「六根清淨」的文字。六根分別是眼、耳、鼻、舌、身、意，代表人的 5 種感官知覺和內心意識。

參拜路線的終點便是三佛寺當中最古老的建築──國寶「投入堂」。由藏王堂和愛染堂構成的投入堂，經推定建於平安時代（794 年～ 1185 年）後期。相傳這是修驗道的開山祖師役小角運用法力投進洞窟的佛堂，故有「投入堂」之稱。望著近在眼前，矗立於完全無法接近的懸崖上的投入堂，也只能對這樣的奇蹟表示敬意。

下山後，看到消防員正在進行山難救助訓練。消防員表示過去發生事故時，派遣直升機前往救援，只見登山客各自向消防員揮手，救援人員無法判斷是哪位登山客發生意外。在這樣的情況下，從相隔一段距離的位置進行搜尋的救援人員難免憂心無法即時發現需要救援的人。消防員希望宣導讓更多人知道，在這樣的狀況下，千萬不要不經思考就隨便揮手。另外，從過去案例的統計，可知登山客多半是在下山途中發生事故。因此，我們出門在外，直到回家前都要小心安全。

**▲ 注意事項**

① 登山服裝：不可穿著跟鞋、皮鞋和拖鞋等鞋類。加裝鞋釘和金屬配件的登山鞋有損傷樹根等處的疑慮，也在禁止之列。
② 雨天／積雪時禁止登山參拜（每年的 12 月～ 4 月左右）。
③ 酌收參拜費、入山費。

鳥取 Tottori

地址 ADDRESS 鳥取県鳥取市福部町湯山 2164-661

# 28 鳥取砂丘 Tottori Sand Dunes

鳥取沙丘

獲日本政府指定為天然紀念物的「鳥取沙丘」，是遠近馳名且具日本代表性的景觀。歷經 10 萬年以上的漫長光陰而形成的沙丘*，南北長約 2 公里，東西寬約 16 公里，已獲指定為山陰海岸國立公園的特別保護區。從風和沙交織而成的風紋上眺望日本海，可說是絕景。我停留在鳥取縣的那幾天當中，每天不同時段造訪鳥取沙丘，拍攝沙丘的不同風貌。其中最為推薦的是在夕陽落入地平線的時段，從高達 45 公尺，名為「馬之背」的高丘上取景。鳥取縣全天候免費開放鳥取沙丘供人參觀的慷慨器度，叫人敬佩。

## 豆知識

### 沙丘和沙漠有何差異？

「沙丘」是沙粒在風力作用下堆積形成丘狀的地形，而「沙漠」則是在降雨量極少的環境下，由沙粒和岩石形成的大面積土地。正因如此，風無法吹動沉重的石頭等物，因此沙丘基本上是只有沙的環境。沙丘不像沙漠的定義有降雨量的條件，以鳥取來說，一年的降雨量達 2,000mm 以上。望向鳥取沙丘後方，也能看到不少植物。日本雖然沒有沙漠，卻有 10 座以上的沙丘（鳥取沙丘、青森的猿之森沙丘等沙丘）。

地　址
ADDRESS　鳥取県岩美郡岩美町陸上

# 29 陸上洞門
## Kugamidoumon

冬季的季風和海浪侵蝕貫穿岩層後形成的「陸上洞門」，是浦富海岸的代表性景觀之一。

地址 ADDRESS 島根県出雲市大社町杵築東 195（出雲大社）
島根県出雲市大社町杵築北 2711（稻佐之濱）

# 出雲大社
Izumo Taisha

30

供奉大國主大神的出雲大社自 1609 年起，約每隔 60 年即進行一次遷宮（將神社供奉的神明神體和神座從正殿遷至他處，待正殿翻新作業完成，再將神明的神體和神座迎回原位）。最近一次遷宮是從 2008 年 4 月起進行，並於 2019 年 3 月 31 日完成的平成大遷宮。出雲是日本人熟悉的神的故鄉和神話故鄉。自古以來日本舊曆（亦即台灣的農曆）10 月名為神無月 *，但在出雲卻稱為神在月 *。要前往出雲大社的拜殿，得先通過 4 座分別使用鋼筋水泥、木材、鋼管、青銅打造的鳥居。沿著兩旁植有松樹的參拜步道前進，便能看見拜殿和注連繩。現在的拜殿是在 1963 年重新建造，據說是二次大戰後日本規模最大的木造神社建築。出雲大社自古以來的習俗，是以面朝神明時的左方為上位，右方為下位，與一般神社有別，因此出雲大社的注連繩懸吊方式也和一般神社相反。

**豆知識**

· 何謂「神在月」、「神無月」？
日本月曆中的舊曆 10 月，是八百萬諸神齊聚於島根縣出雲的月份，而其他地方則因神明不在家，便將舊曆 10 月名為神無月，但在出雲則稱為神在月。舊曆 10 月 10 日的夜晚，神職人員集結於出雲大社西部沿海的稻佐之濱，舉行「神迎祭」儀式，迎接跨海而來的八百萬諸神，以此為分界，隨後舉辦「神在祭」以及送神的「神等去出祭」。神在月期間，人們不得打擾神明在此聚會和停留，出雲當地民眾不會在這段期間搬家、建造屋舍，以保持肅靜為第一要務。

YAMATO

有別於其他神社的「鞠躬2次、擊掌2次，再鞠躬1次（二禮二拍手一禮）」作法，出雲大社的參拜方式是「鞠躬2次、擊掌4次，再鞠躬1次（二禮四拍手一禮）」。拜殿後方是八足門，一般是在此參拜正殿。位在正殿後方的素鵞社，供奉著大國主大神的父神，也就是在出雲神話中擊退八岐大蛇的素戔嗚尊。根據《古事記》記載，大國主大神曾解救「因幡白兔」，或許因為這個淵源，所以出雲大社內有46座兔子雕像，神社內的氣氛莊重肅穆，但兔子雕像生動可愛的表情也讓人心情為之放鬆。

最後，我參觀了出雲大社旁的「寶物殿」。這裡展示了為數眾多的國寶和重要文化資產。其中之一便是據傳曾是「高層神殿」的古代出雲大社正殿復原模型。這是我心心念念許久，想親眼一睹的展示。同在寶物殿內展示的「心御柱」，據說是將杉樹巨木3根綁成一束，作為高層神殿的中心支柱，而這項展示品也形同證實了古代的出雲大社正殿高達48公尺，是現有正殿高度2倍的傳說。

 地址 ADDRESS 島根県出雲市大社町日御碕 1478

# 31 出雲日御碕灯台

## Izimo Hinomisaki Lighthouse

出雲日御碕燈塔

從出雲大社驅車往海邊前進，不到半小時便能抵達位在島根縣東北部的島根半島上的「日御碕」海岬。這裡視線遼闊毫無遮蔽，可遠眺地平線的景色，還能傾聽拍打岸壁的隆隆浪濤聲，欣賞當地特有環境衍生的景觀。其中特別醒目的是入選國際航標協會（IALA）世界燈塔百選*，顏色純白的出雲日御碕燈塔。從地面到頂端約 43 公尺的塔高是日本第一，同時以石造燈塔而言也創下東洋第一高塔的紀錄。可從螺旋階梯登上瞭望台，所以我要前往一探究竟。

出雲日御碕燈塔是用島根縣產的硬質石材，在明治36年（1903年）建造而成的燈塔，採用在內、外牆之間設有夾層空間的雙層構造。登上燈塔瞭望台的途中，瀏覽導覽說明，便能約略瞭解燈塔的歷史、從設計到完工為止的過程、小知識等。造訪當日天氣晴朗且極度炎熱，但走進燈塔裡卻有種涼意，因此順利爬完 163 階的螺旋階梯

**⚠ 注意事項** 登上燈塔的瞭望台，需付費。

（雖然全身是汗）。從燈塔上方的瞭望台眺望，可一覽日本海和島根半島的景色，天晴時甚至能看見位在北邊的隱岐群島。沿著燈塔附近的海岸漫步，更可欣賞柱狀節理 * 和絕壁奇景。擁有百年以上歷史，至今仍負起守護海上安全任務的出雲日御碕燈塔，是不可錯過的景點。

## 豆知識

**· 何謂世界燈塔百選？**

這是由國際航標協會（IALA）發起，以全世界具歷史意義的燈塔為主題所選出的百座燈塔。日本共有 5 座燈塔入選，除了出雲日御碕燈塔（島根縣）外，還有美保關燈塔（島根縣）、姬埼燈塔（新潟縣）、神子元島燈塔（靜岡縣）、犬吠埼燈塔（千葉縣）。

**· 何謂柱狀節理？**

熔岩和岩漿經冷卻收縮後，形成多邊形柱狀裂隙，此稱為柱狀節理。

地　址
ADDRESS　島根県浜田市国分町 1976-1

# 32　石見畳ヶ浦
## Iwami Tatamigaura

石見疊浦

這篇要介紹的是島根縣濱田市海岸風景勝地「石見疊浦」。這裡擁有如同榻榻米併排相接的「千疊敷」、最北端的「眼鏡橋」和看似坐椅般的圓石等各種優美的自然造形。在堤防垂釣的當地民眾，和港口的景色讓人感覺時間緩慢流動。從海水浴場沿著海岸步行十多分鐘後抵達的小型隧道，便是通往石見疊浦的入口。隧道中段是「賽之河原洞窟」，這是海浪侵蝕形成的海蝕洞。從洞穴可眺望矗立在海上的犬島和貓島。穿過洞穴，眼前便是面積廣達 4.9 公頃左右，約在 1,600 萬年前歷經漫長時間形成的波蝕台 *（參考比例：台北小巨蛋的面積約 3 公頃）。在海風吹拂下，和孩子們一同觀察退潮後出現的生態系，足以讓人忘卻都市裡的繁忙。目前從波蝕台的砂岩層中，發現有 40 種貝類化石，為學術研究提供了珍貴的資料。

### 豆知識

· 何謂波蝕台？
位在海浪侵蝕陸地形成的海崖或陡坡前方的海蝕地形，主要分布於潮間帶，退潮時會露出水面，表面幾近平坦的岩石平台。

地址 ADDRESS　島根県安来市古川町 320

# 足立美術館
## Adachi Museum

33

足立美術館創辦人足立全康先生曾說「庭園也是一幅畫」。島根縣安來市市郊有座日本第一的庭園，那就是自 2003 年起連續 18 年榮獲日本庭園排名＊評選為第一的「足立美術館」。在 2020 年邁入設立 50 週年里程碑的足立美術館，至今仍在開館前由全體員工清掃整理庭園，不分晴雨且全年無休，貫徹使造訪遊客擁有賓至如歸感受的堅持。在美術館裡眺望窗外隨著季節、時段展現不同風貌的庭園景致，

**注意事項**　入內參觀需付費

宛如欣賞一幅幅生動鮮活的畫作，在在體現足立美術館是日本美學和文化共存「充滿生命力的美術館」。「真正超越群倫的庭園能療癒人心。尤其是日本庭園作為休憩的場域和心靈的綠洲，有著極為貼近日本人感性的要素。」創辦人足立全康先生這樣的意念，想必將隨著足立美術館永續傳承。

### 豆知識

**何謂日本庭園排名？**

由美國的日本庭園專門刊物《*The Journal of Japanese Gardening*》評選的庭園排名，採用「以目前可供鑑賞的日本庭園而言是何等優秀」基準，進行調查、評鑑，當中特別是足立美術館，其占地廣大的庭園不論任何角落都享有完善的管理維護這點，獲得高度肯定。

地　址
ADDRESS　島根県雲南市掛合町松笠 1500

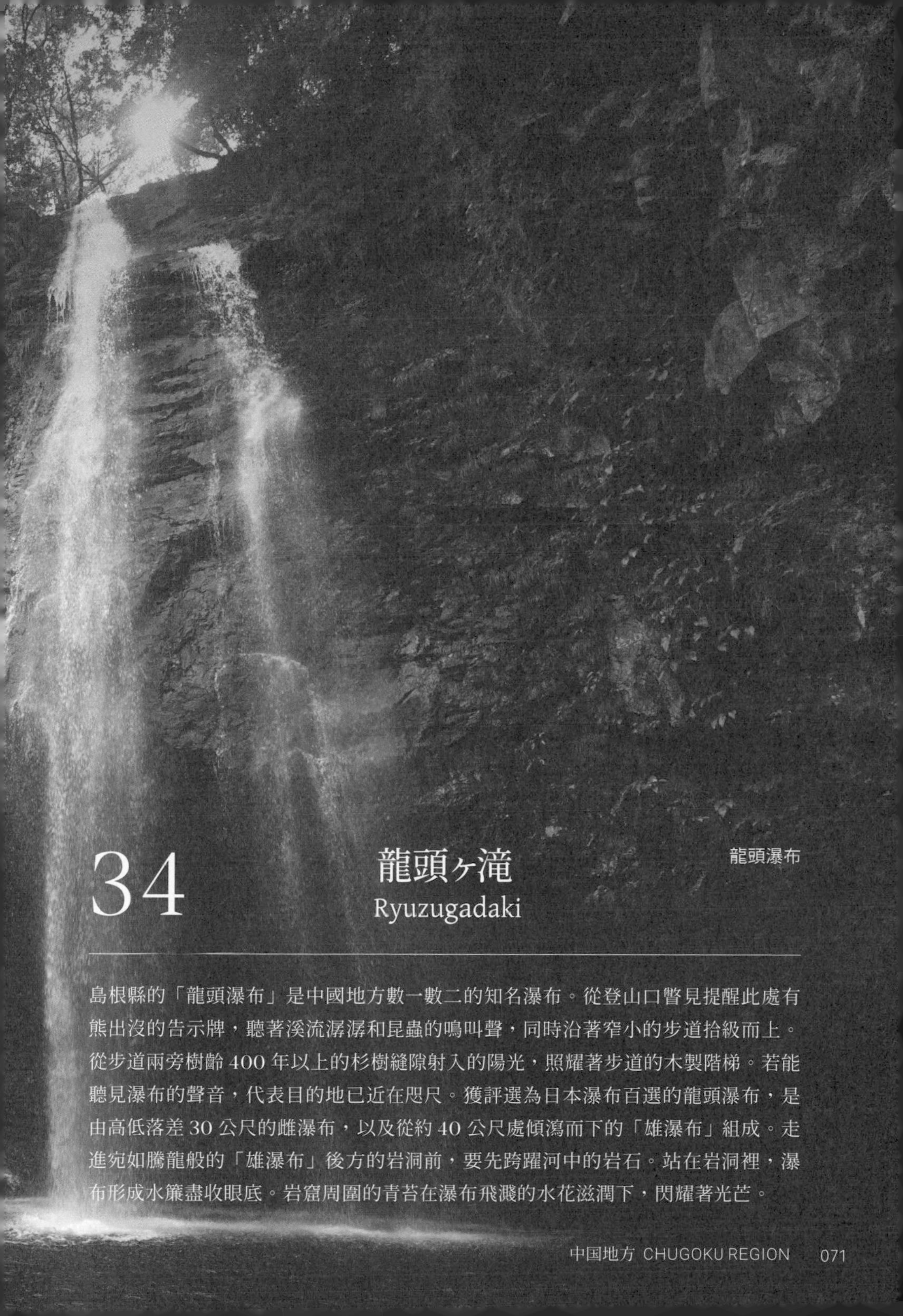

# 34 龍頭ヶ滝 Ryuzugadaki

龍頭瀑布

島根縣的「龍頭瀑布」是中國地方數一數二的知名瀑布。從登山口瞥見提醒此處有熊出沒的告示牌，聽著溪流潺潺和昆蟲的鳴叫聲，同時沿著窄小的步道拾級而上。從步道兩旁樹齡 400 年以上的杉樹縫隙射入的陽光，照耀著步道的木製階梯。若能聽見瀑布的聲音，代表目的地已近在咫尺。獲評選為日本瀑布百選的龍頭瀑布，是由高低落差 30 公尺的雌瀑布，以及從約 40 公尺處傾瀉而下的「雄瀑布」組成。走進宛如騰龍般的「雄瀑布」後方的岩洞前，要先跨躍河中的岩石。站在岩洞裡，瀑布形成水簾盡收眼底。岩窟周圍的青苔在瀑布飛濺的水花滋潤下，閃耀著光芒。

地　址
ADDRESS　山口県美祢市秋芳町秋吉秋吉台

# 35 秋吉台国定公園 Akiyoshidai

秋吉台國定公園

在遠古時代，秋吉台曾是一片大海。海中的珊瑚礁經年累月堆積形成石灰岩，而石灰岩這類易溶於水的岩石構成的地點，經過雨水、地表水、土壤含水、地下水等侵蝕形成的地形，便稱為喀斯特地形。位於山口縣美禰市的「秋吉台國定公園」擁有日本規模最大的喀斯特台地，同時也是臺灣首度締結姐妹園關係的國外地質公園。總面積4,502公頃的秋吉台國定公園內，擁有一片如大海般一望無際的廣大草原。承載了約3億5,000萬年記憶，形狀優美的白色石灰岩，彷彿是經過盤算才傾瀉而下的落石，以恰到好處的距離分布於草原表面。草原上如波浪般的圓形窪地，是喀斯特台地特有的滲穴＊。展望台以外的攝影點是標高377公尺的「冠山」。從遊憩步道循著指示牌前進，約莫數分鐘便可抵達這個被喀斯特台地360度環繞，視野遼闊的景點。

## 豆知識

· 何謂滲穴？

雨水滲入石灰岩裂縫後形成的凹陷窪地。

地　址
ADDRESS　山口県美祢市秋芳町秋吉 3506-2

# 秋芳洞
## Akiyoshido

36

這裡果然很棒！神祕世界「秋芳洞」位於山口縣，是日本數一數二的大型鐘乳石洞。秋芳洞入口高達 20 公尺、寬 8 公尺的岩石裂縫，令人更加期待洞裡的風景。經過過濾的清澈水流從洞口湧出，洞口上方是楓葉，走過通往入口的橋，進入神祕界的旅程由此開始。

鐘乳石洞給人的印象是像富士山「鳴澤冰穴」、福岡「千佛鐘乳石洞」，參觀時要戴上安全帽，還要一邊留意頭頂安全而前進，但參觀秋芳洞時完全不需要。參觀路線長約 1 公里（洞穴總長 10 公里），令人覺得開闊的大型洞窟連綿相延，漫步其中便能近距離欣賞地球歷經漫長歲月形成的景觀。昭和天皇在其身為皇太子時期曾造訪此地，將這座鐘乳石洞命名為秋芳洞。經指定為國家特別天然紀念物的秋芳洞有不少令人驚豔的特殊景觀，例如震撼壯觀的「百枚皿」，是由盤狀的石灰質沉澱物堆疊形成的石灰華階地，以及據說繞著它往左轉一圈即可增壽一年的「大佛岩」等。秋芳洞內各區的按鈕式語音導覽設備，提供多語言版本，可說是景色與貼心度皆滿分的鐘乳石洞。

**⚠ 注意事項**　有參觀時間，需付門票。

地　址
ADDRESS　山口県下関市豊北町大字神田

# 角島大橋
Tsunoshima Bridge

37

若問我「最喜歡日本的哪一座橋？」我的答案是山口縣的「角島大橋」。從車窗放眼望去，是一片翡翠綠的海，又能隨風盡情在橋上馳騁。總長1,780 公尺的角島大橋是日本國內免通行費的橋梁當中，長度數一數二的橋梁（山口縣第一大橋）。「角島大橋觀景點」的高台是攝影點，希望大家務必順道一遊。

這座橋通往人口約 800 人的「角島」。角島位於山口縣下關市，同時也是日本本州最西邊的小島。角島現在雖已成為山口縣內具代表性的景點，同時也獲指定列入北長門海岸國家公園的範圍，但角島大橋是在年號改為平成之後的 2000 年才通車，在這之前，角島居民的對外交通，只能仰賴島上地方政府營運的船隻。過去，尤其像是在冬季，難免會面臨連日天候不佳的狀況，居民因此被迫過著極度不便的生活。角島大橋對角島的居民而言，是一座實現夢想的橋梁。

# 38

山口県岩国市岩国

## 錦帯橋
## Kintaikyo

**▲ 注意事項** 入內酌收参觀費用

由 5 座木造拱橋連接而成的「錦帶橋」是日本三大名橋之一。這座橋建於江戶時代，以傳統的造橋工法打造，連結分布於錦川兩岸的城下町（設於領主居住城堡周邊的行政中心、商業區）。位於岩國市的機場也以錦帶橋作為機場名稱，顯示錦帶橋是代表山口縣的觀光景點。

# 39

山口県萩市椿東 1537

# 吉田松陰幽囚の旧宅

## Yoshidashoin Yushu-no-Kyutaku

吉田松陰幽禁舊宅

1854 年吉田松陰試圖前往海外，唯以失敗收場因而遭囚禁於江戶（現為東京）的牢裡。隔年，吉田松陰被移送關入荻的野山獄，但隨後獲准出獄，回到他的原生家庭亦即杉家的宅邸，接受軟禁處分。該處便是「吉田松陰幽禁舊宅」（杉家）。

地　址 ADDRESS　広島県三原市高坂町 22

# 佛通寺
Buttsuji

40

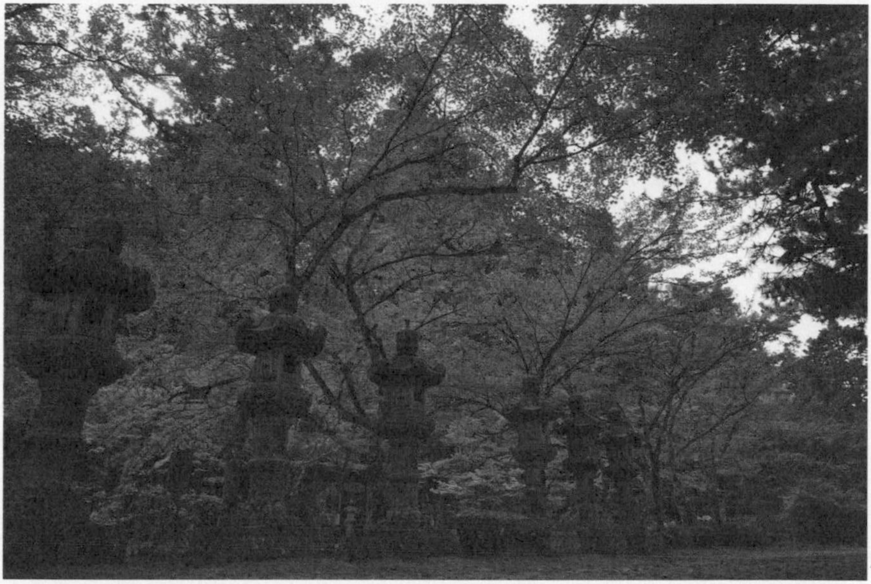

「佛通寺」是廣島縣首屈一指的知名賞楓勝地。在早晚轉涼，溫差也變大的時節，佛通寺也迎來美麗的楓葉季。長達 300 公尺的參拜步道，兩旁樹木的葉片轉紅，交織出色彩斑斕的錦繡美景。期間限定的夜間點燈，更是引人入勝。穿過樹木蓊鬱的佛通寺門前參拜步道，眼前即是木造的橋。這座通往臨濟宗佛通寺派大本山佛通寺的橋，名為「巨蟒橋」，傳說這是橫躺於聖地結界，守護佛陀傳道說法的巨蛇，而走過這座橋，人的身心靈受到淨化，方能進入佛通寺。置身此處放眼望去，盡是一片楓紅。佛通寺結合了觸動人心的山林景致和佛教的景觀，創造出如夢似幻的氛圍。

▲ **注意事項**　僅賞楓季節酌收參觀費用（同時也闢有特設停車場，提供接駁車服務。）

# 41 黒滝山 Kurotakisan

黑瀧山

廣島縣的「黑瀧山」坐擁位於日本瀨戶內海西部的藝予群島絕景。自古以來即以信仰之山聞名的黑瀧山，標高 266 公尺，除了觀音堂和 33 座石佛外，也擁有全方位眺望視野。雖從照片無法想像，但此處確實鋪有通往山頂的登山遊憩步道，即使是初來乍到的人也能安心一遊。前往山頂的路途中，隨處可見必訪景點，像是乃木希典將軍於明治 39 年（1906 年）造訪時坐下讚嘆眺望美景的「腰掛岩」，以及傳說觸摸便能延命增壽的「龜岩」等，沿途欣賞這些景點，不知不覺間就來到山頂附近。廣島縣不只擁有象徵和平城市而享有全球知名度的廣島市，也受惠於海洋、山林、河川等豐富自然環境，而充分善用這些特色的廣島縣更是充滿無限魅力。

広島 Hiroshima

地址 ADDRESS　広島県三原市高坂町 22

# 耕三寺
## Kosanji

42

有西邊的日光之稱的「耕三寺」，位於廣島縣的小島上，其占地範圍內有精雕細琢的建築並排矗立的寺院。穿過以白色為基調，宛如龍宮城入口，令人聯想起海洋的淨土真宗本願寺派佛寺大門後，就是並排矗立，仿造佛教建築和日光東照宮陽明門的「孝養門」等氣氛莊嚴且配色豐富，帶有歷史色彩的建築物。耕三寺內的 15 座堂塔雖在 2003 年成為國家登錄有形文化財＊，唯絕對無法稱其具有高知名度。耕三寺雖無日光東照宮那 3 隻象徵非禮勿視、非禮勿聽、非禮勿言的猴子，卻設有地獄入口。這個名為「千佛洞地獄峽」的洞窟，是全長 350 公尺的隧道。洞窟內描繪了閻羅王以及為非作歹者會去的數種地獄。在一片漆黑當中，燈光映照下的〈殺生罪〉、〈竊盜罪〉等恐怖畫作，值得一看。

▲ **注意事項**　入內需付費

## 豆知識

**· 何謂國家登錄有形文化財？**

登錄有形文化財是根據日本政府在 1996 年修正的《文化財保護法》創設的文化資產登錄制度，經登錄於文化財登錄原簿內的有形文化資產。最初適用客體以建築物為限，唯於 2004 年《文化財保護法》修正後，目前建築物以外的有形文化資產亦可獲登錄。

地址 ADDRESS　広島県尾道市瀬戸田町瀬戸田 553 2

# 43 未来心の丘 未來心之丘
## Miraishin No Oka

彷彿置身未來空間！令人想起希臘愛情海的聖托里尼的「未來心之丘」，是雕刻家杭谷一東＊先生花費12年的光陰打造而成的作品。使用的大理石均採自義大利的卡拉拉，再用貨櫃船載運至日本。歷經有如縫接布匹般的精細作業才完成的大理石創作，讓人深受震撼。從雙手合十朝向天空的作品「光明之塔」眺望遠處，一望無際的山海景色引人思索人與大自然的共生之道，同時深切體會創作者心懷鄉土，期盼永續傳承此作品精神的意念。

**注意事項**　入口與耕三寺入口相同

●● 豆知識

### 杭谷一東先生是何許人？

國中畢業後拜伯父——已故的文化勳章得主圓鍔勝三先生——為師，開始接觸木雕。其後於 1969 年赴義大利羅馬學習銅像雕刻，後續踏上大理石雕刻之路。一年有半數時間，他都在位於優質石材產地卡拉拉的工作室裡渡過。

# 44

広島県竹原市本町 3-11-7

## たけはら町並み保存地区

## Takehara Machinami Conservation Area

竹原老街保存區

位於廣島縣中央，獲選指定為重要傳統建築群的竹原老街保存區，凝聚了讓人感受日本風情的祖先智慧。眼前的景觀，叫人不禁懷疑是否穿越時空置身江戶時代。保有昔日樣貌的建築，呈現了時間悠然流動的生活光景。

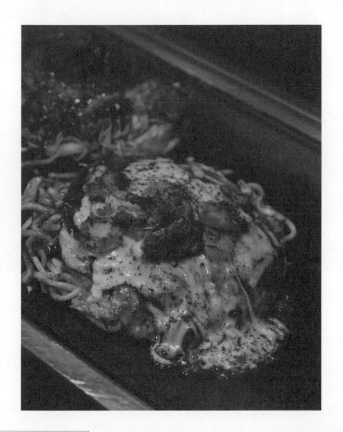

広島県竹原市本町 3-8-21

# ほり川

## Horikawa

堀川餐廳

位於竹原老街保存區一隅，沿續傳統的廣島風什錦燒餐廳。這裡的什錦燒可選擇加麵條或烏龍麵，經過師傅純熟手法煎烤完成的食材，若趁熱擺上牡蠣作為配料，更能完整品嘗具有廣島特色的美味。

岡山 Okayama

地址 ADDRESS 岡山県倉敷市本町

# 45 倉敷美観地区 Kurashiki Bikan Historical Quarter

倉敷美觀地區

初次造訪天晴之國岡山時，最先想順道一遊「倉敷美觀地區」。此處的白壁倉庫建築、海參牆等景觀仍保有濃濃的江戶風情。倉敷這個地名起源於此處曾作為物資的中繼站，亦即暫時存放物資的「倉敷地（倉敷地意指倉庫用地）」。時至今日，這裡聚集了「倉敷帆布」、「倉敷丹寧布」等倉敷品牌，為倉敷川畔林立的倉庫引進了新氣息。倉敷美觀地區的歷史性建築物是在倉敷繁榮熱鬧的時代由富商所建，與並排的柳樹極為相襯。來到這裡，不僅能乘坐人力車和川船體驗日本，也能一嘗頗受歡迎的「Miffy 藏廚房倉敷店」現烤出爐麵包。入夜後，街燈映照著江戶時代樣式的商家建築和復古風格的洋樓，呈現與白天截然不同的美景。擁有這些特色的倉敷美觀地區正是不受季節、時間侷限的正統觀光景點。

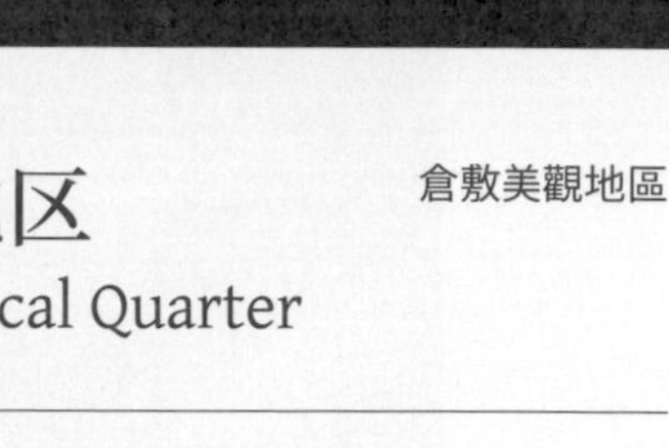

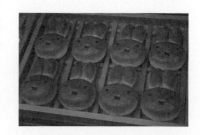

倉敷

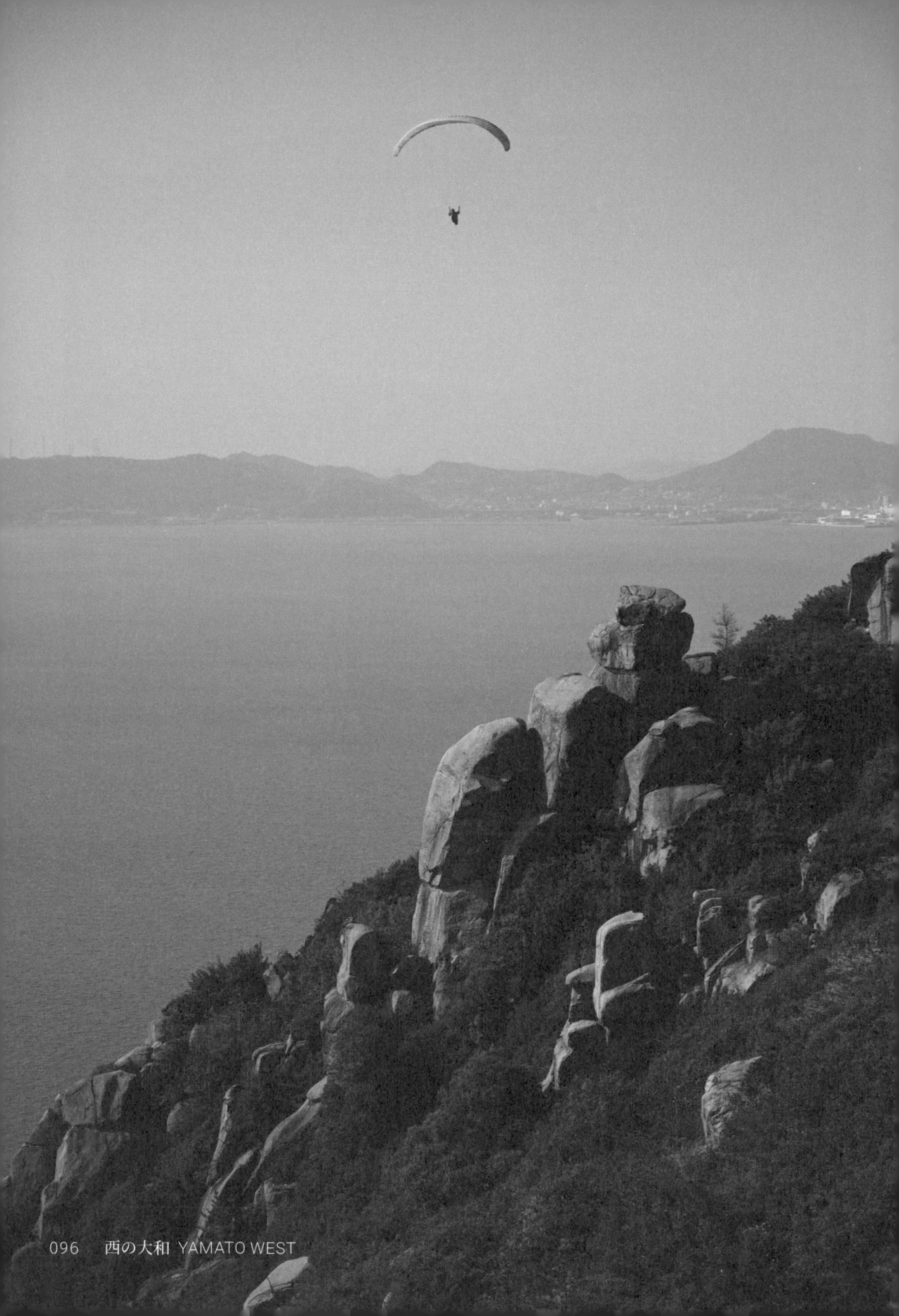

# 46 王子が岳・ニコニコ岩

王子岳・微笑岩

Ojigatake · Smile Rock

眺望景觀是岡山縣的「難波萬」!?

我造訪了這個人稱抱石攀登運動原點兼聖地的「王子岳 * ・微笑岩」。這一帶聳立著眾多形狀奇特且巨大的花崗岩，為了欣賞這樣的景色，人們不分季節造訪此地，享受各式各樣的戶外活動。約 15 分鐘便能從距離最近的停車場抵達健行步道的位置優勢，也是這裡受歡迎之處。王子岳山頂的奇岩怪石群當中，特別吸睛的便是微笑岩，而從標高 234.5 公尺的山上俯瞰瀨戶內海，站在斷崖絕壁的岩石上張開雙臂，人的表情也自然而然變成笑臉。這裡的花崗岩據說是約莫 8,000 萬年前的白堊紀後期，岩漿在地底 10 公里深處附近緩緩凝固形成。地球創造的景物總是令人感到驚奇。

**豆知識**

・王子岳的歷史和名稱由來？

王子岳的名稱據說源自昔日居住此地的 8 名王子（柴坂王子、坂手王子、筈割王子、峰王子、日王子、擲錫王子、谷王子、破瓶王子）的故事。根據記載史料等內容的《玉野市史》，這 8 名王子相傳是乘著小船在天治 2 年（1125 年）春天，漂流到宇藤木海灘的公主的孩子。

地址 ADDRESS 岡山県備前市閑谷 784

# 47 旧閑谷学校 Old Shizutani School

舊閑谷學校

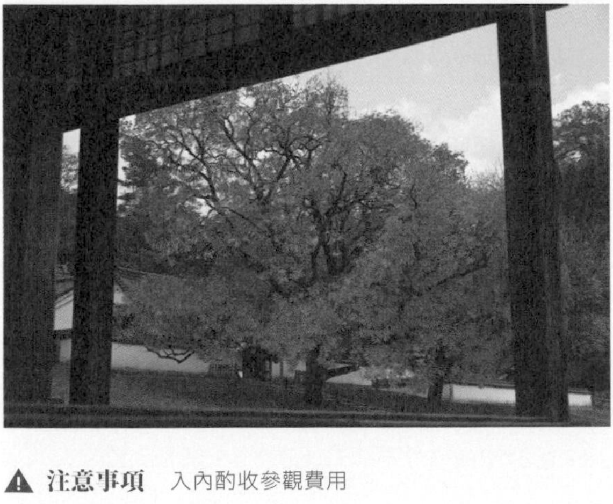

江戶時代各藩屬地培養領導人材為主要目的的藩校當中，以創立於1670年，擁有悠久歷史為傲的「舊閑谷學校」最為人所知。放眼遍布山間的色彩繽紛秋葉，不由得也認同了彼時藩主因此地「山水清幽，宜為修習學問之處」而設立藩校的決定。

**注意事項** 入內酌收參觀費用

當時藩校的學生學習的是重視禮節和尊卑關係的儒學。從中國儒學創始人孔子墓園裡的黃連木取得種子，栽種而成的巍峨黃連木以挺拔的姿態迎接訪客。與黃連木相距不遠，屋頂採用中國傳統建築歇山頂形式的「學問殿堂」，據傳培育了許多創造日本歷史的傑出領袖。

沿著後方的石板步道前進，在步道盡頭的「閑谷學校資料館」周圍，不僅能從校舍欣賞紅葉，也能看見源於此處的歷史、故事。舊閑谷學校更在 2015 年與「特別史蹟舊弘道館（茨城縣）」、「史跡足利學校遺址（櫪木縣）」、「史跡咸宜園遺址（大分縣）」，共同名列「近代日本教育遺產群ー學術和禮節的本源ー」，獲認定為日本遺產 * 第 1 號這個所在，很值得一訪。

**豆知識**

· 何謂日本遺產（Japan Heritage）？

日本遺產是日本的文化遺產保護制度之一，由日本的文化行政機關文化廳認定日本國內的文化資產和傳統文化等方面的故事（Story），列為「日本遺產」。目的在於促成日本各地方主動積極整備善用在地深具吸引力的有形、無形文化資產，再推廣至海內外，藉此活化地區發展。

岡山県高梁市成羽町羽山

# 48

## 羽山渓　羽山溪
## Hayamakei

「羽山溪」是有著巨型岩石的溪谷，也曾獲電視節目《日本哪裡好吃驚》選為珍奇百景。此處的天然隧道，現在也作為縣道300號公路供人車通行，因為是單線車道，行經時必須小心注意。先別只因此處的絕壁而驚嘆，羽山溪也是知名的攀岩場地，遊客若抬頭往上看，會看到有人在攀岩。羽山溪無疑是岡山縣的祕境。

48

49

岡山県岡山市北区高松稲荷 712

# 49

## 八疊岩
Hachijouiwa

八疊岩

岡山縣的祕境「八疊岩」，是在最上稻荷山妙教寺高達 27.5 公尺的巨大鳥居後方的山上。八疊岩位於通往奧之院的路途中，在可鋪上 8 張榻榻米的範圍內由岩石堆疊而成，這也是八疊岩名稱的由來。

(49)

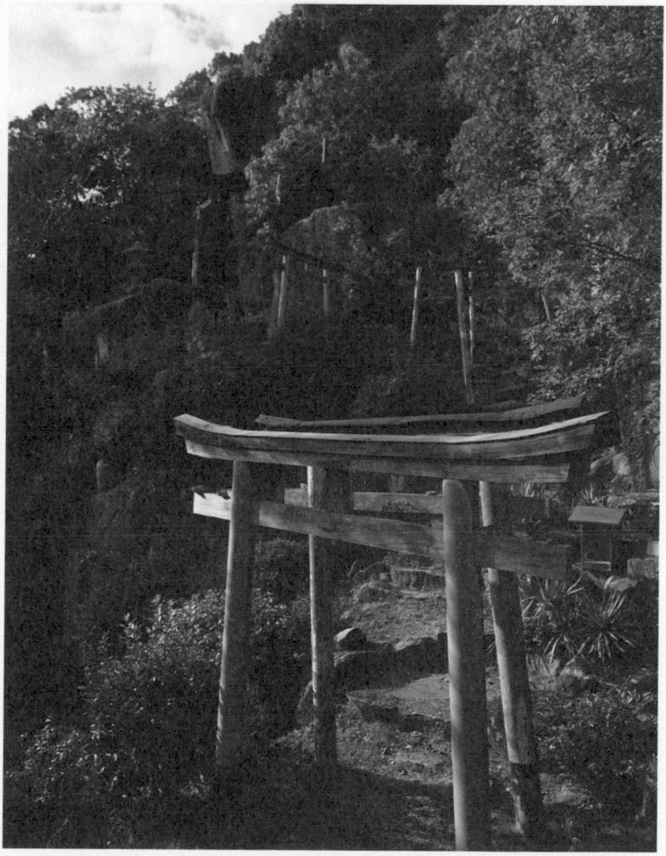

## 香川県 KAGAWA

**50** 天空鞦韆 Swing in the Sky
**51** 雲邊寺 Unpenji
**52** 小豆島 Shodoshima
**53** 樹齡千年的橄欖大樹 The 1,000-Year-Old Olive Tree
**54** 天使散步道 Angel Road
**55** 星之城遺跡・東峰 Hoshigajyoseki・Toho
**56** 道之驛・小豆島橄欖公園 Roadside Station・Shodoshima Olive Park
**57** 重岩 Kasaseiwa

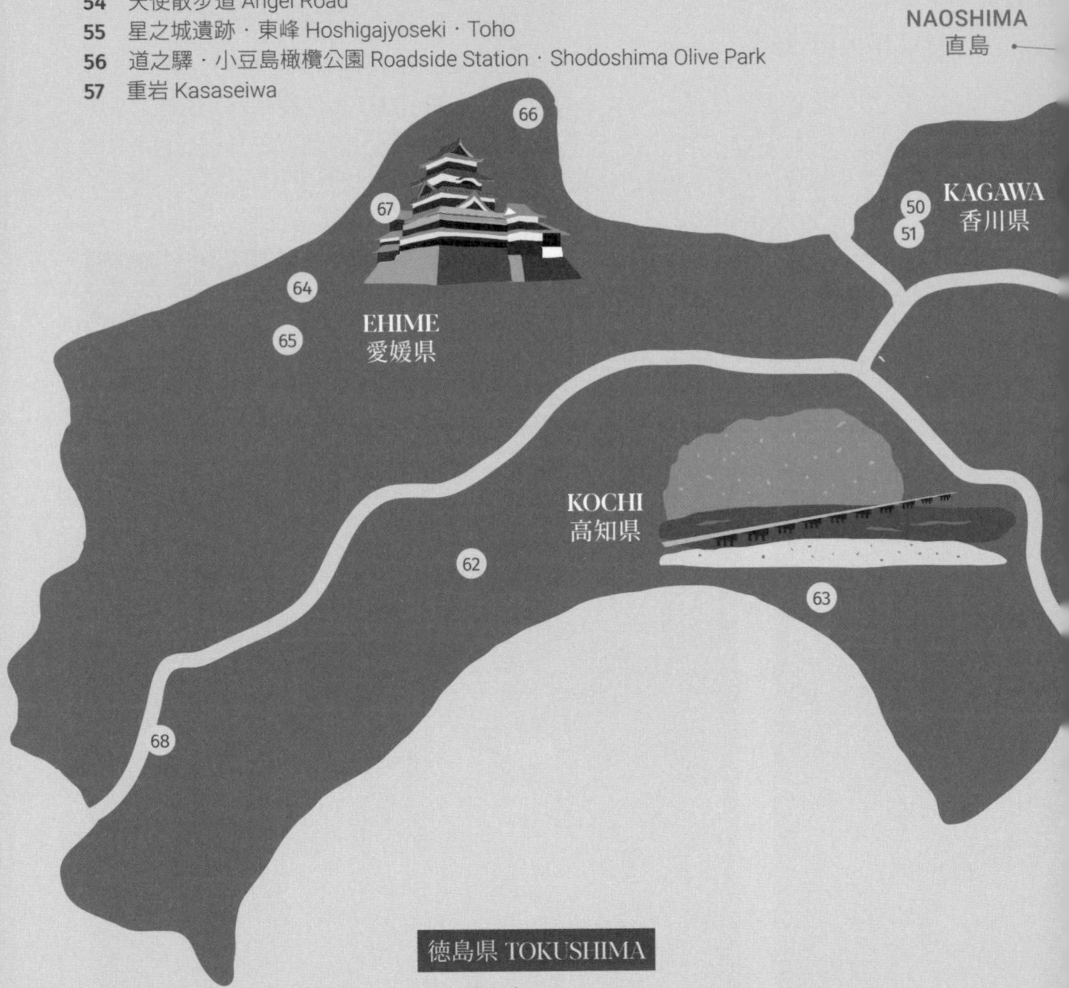


## 徳島県 TOKUSHIMA

**58** 靈山寺 Ryouzanji
**59** 眉山 Bizan
**60** 大塚國際美術館 Otuka Kokusai Museum
**61** 阿波舞 Awaodori

# SHIKOKU REGION

# 四国

香川県　徳島県　高知県　愛媛県

INDEX **NO.50-NO.68**

地　址
ADDRESS　香川県観音寺市大野原町丸井 1974-57

# 50 天空のブランコ Swing in the Sky

天空鞦韆

各位知道「天空鞦韆」嗎？這座鞦韆位在標高 920 公尺的雲邊寺山頂公園，是四國海拔最高的鞦韆。坐在鞦韆上不只能飽覽三豐平原的風光，甚至可以遠眺北邊的瀨戶大橋和岡山縣、西邊的廣島縣。雲邊寺附近原本有座滑雪場，唯不敵氣候暖化和新冠肺炎疫情而於 2020 年 3 月關閉，經營登山纜車的四國纜車公司便在同年 7 月下旬，於遍路朝聖者和登山客停留休息的草坪廣場，設置兩座木製鞦韆。

一座是沒有體重限制，大人、小孩皆宜的鞦韆，另一座則限 12 歲以下小孩始能乘坐，而在限供兒童乘坐的鞦韆前還設了可隨拍照高度需求擺放相機的相機架，方便造訪遊客自拍留影，記錄美好回憶。木製鞦韆不只與周邊的自然環境和諧相融，也展現設置者精準掌握現代人需求的貼心。我在這裡巧遇一對年長的夫妻，笑說「不知有多久沒盪鞦韆了」的他們也坐上鞦韆，彷彿回到童年般地樂在其中。天空鞦韆讓人體驗如同飛向山腳下平原的刺激感，是造訪雲邊寺時值得順道一遊的景點。

# 51 雲辺寺 Unpenji

雲邊寺

四國靈場（寺院）第 66 號禮所「雲邊寺」是四國遍路的 88 間寺院中，海拔最高的寺院，因此有「四國高野」之稱，同時也是從四國各地前來的僧侶們學習、修行的道場。現代人要前往雲邊寺，可從香川縣觀音寺市搭乘雲邊寺登山纜車，約數分鐘便能抵達山頂。

雲邊寺的正面入口是外觀極新的「仁王門」和手水舍（神社、寺院設於參道、拜殿前的淨手池）旁，有座記載厄年（多災之年，與台灣的犯太歲概念相近）的石碑。雲邊寺供奉的主神——木製千手觀音像，是在平安時代末期雕刻而成，已獲指定為國家重要文化資產。除此之外，尚有幾處值得一看的地方，在此介紹其中 2 處。首先是名為「心想事成」，可供遊客坐下的茄形石雕，其寓意引申自「父母的意見和茄子花無一不具實益」的俗諺。因每朵茄子花都能結成果實，代表努力可獲回報、

許願將會實現。所以茄子被視為吉祥物，造訪雲邊寺的遊客會坐在茄子石雕上，求取心想事成的好運。其次則是「五百羅漢」，也就是立在參拜步道兩旁表情各異的 500 尊羅漢石像。雲邊寺可說是不遜於鄰近的「雪公園雲邊寺」滑雪場（已於 2020 年 3 月停業），怎麼拍都美的寺院。

SHODOSHIMA

# 小 豆 島

52

香川県小豆郡

## 小豆島
Shodoshima

橄欖樂園「小豆島」是什麼地方？

位於瀨戶內海，受惠於和煦海風和溫暖氣候的小豆島上，有一棵從西班牙經過約 10,000 公里的航道，飄洋過海運到這裡扎根的「千年樹齡橄欖大樹」。這座島也是描寫新手女老師和 12 名學童在戰爭紛亂中奮力生存的電影《二十四隻眼睛》故事舞台。另外，還有奇景「重岩」和體驗真人版電影《魔女宅急便》場景等充滿可看性的景點。

＼從香川縣高松車站 → 小豆島／

前往小豆島的主要交通方式是在高松港搭乘渡輪或高速船。高松港位在高松車站步行可及範圍內。從高松前往小豆港共有 3 條航線，分別抵達小豆島的土庄港、草壁港和池田港，唯通往草壁港的航線已於 2021 年 4 月 1 日起停駛。另外，也有從岡山縣和兵庫縣通往小豆島的渡輪航線。

# 53

香川県小豆郡土庄町甲 2473

## 樹齢千年のオリーヴ大樹
The 1,000-Year-Old Olive Tree

樹齡千年的橄欖大樹

小豆島種植橄欖樹的歷史約1,000年。這棵有如小豆島象徵的橄欖大樹，是在2011年3月11日東日本大地震隔日運抵小豆島。

# 54

香川県小豆郡土庄町銀波浦

## エンジェルロード
Angel Road

天使散步道

天使散步道是退潮時分才會出現，從小豆島通往弁天島、中余島、大余島等島嶼的沙灘步道。據說與意中人手牽手走過便能實現願望而成為戀人們的聖地。來到這裡，不妨登上位在弁天島的觀景據點「約束之丘展望台」，敲響幸福之鐘。

# 55

香川県小豆郡小豆島町片城（星ヶ城園地 駐車場）

## 星ヶ城跡・東峰

Hoshigajyoseki・Toho

星之城遺跡・東峰

小豆島的祕境「星之城遺跡」，是地處小豆島最高峰星之城山的山城遺跡。遊客可搭乘寒霞溪登山纜車或驅車前往。搭乘登山纜車時，不只能一覽瀨戶內海美景，還能欣賞纜車行經的山谷中遍布的奇岩。日本三大奇景之一的寒霞溪（溪谷）的景色隨季節呈現春夏嫩綠、秋季楓紅的不同風貌，是非常值得造訪的景點。驅車前往的遊客就從星之城園停車場，沿著兩旁是參天樹林的步道前進。走到底便有往左、往右的選項，而星之城遺跡的東峰是往左前進。建於標高約 800 公尺之處的星之城遺跡一帶，隨處可見散落的岩石，構築出特殊的景象。

# 56

香川県小豆郡小豆島町西村 甲 1941-1

## 道の駅・小豆島オリーブ公園
Roadside Station · Shodoshima Olive Park

道之驛・小豆島橄欖公園

小豆島的橄欖公園裡，有座希臘風車如同望海般矗立在約種了2,000棵橄欖樹的小丘上。公園裡有《魔女宅急便》真人版電影曾使用的場景，同時提供魔法掃帚免費出借。不妨試著單手握住魔法掃帚騰空一躍，拍下「抓著掃帚飛上天」的瞬間，化身魔女琪琪吧。

香川県小豆郡土庄町甲

# 重岩

## Kasaseiwa

57

被當成是守護小豆島的小瀨石鎚神社御神體（神明降臨棲宿的對象）供奉的「重岩」，位於小豆島的西側，這些層疊的巨形岩石究竟是天然形成抑或人力造成，至今仍不明。這一帶也是大阪城石垣所用石材的採集地遺跡，也是留存許多未解之謎的島上景觀之一。站在左右不對稱的木製鳥居和貌似要滑落的重岩前，美麗瀨戶內海的島嶼＊和聚落的景色也盡收眼底。

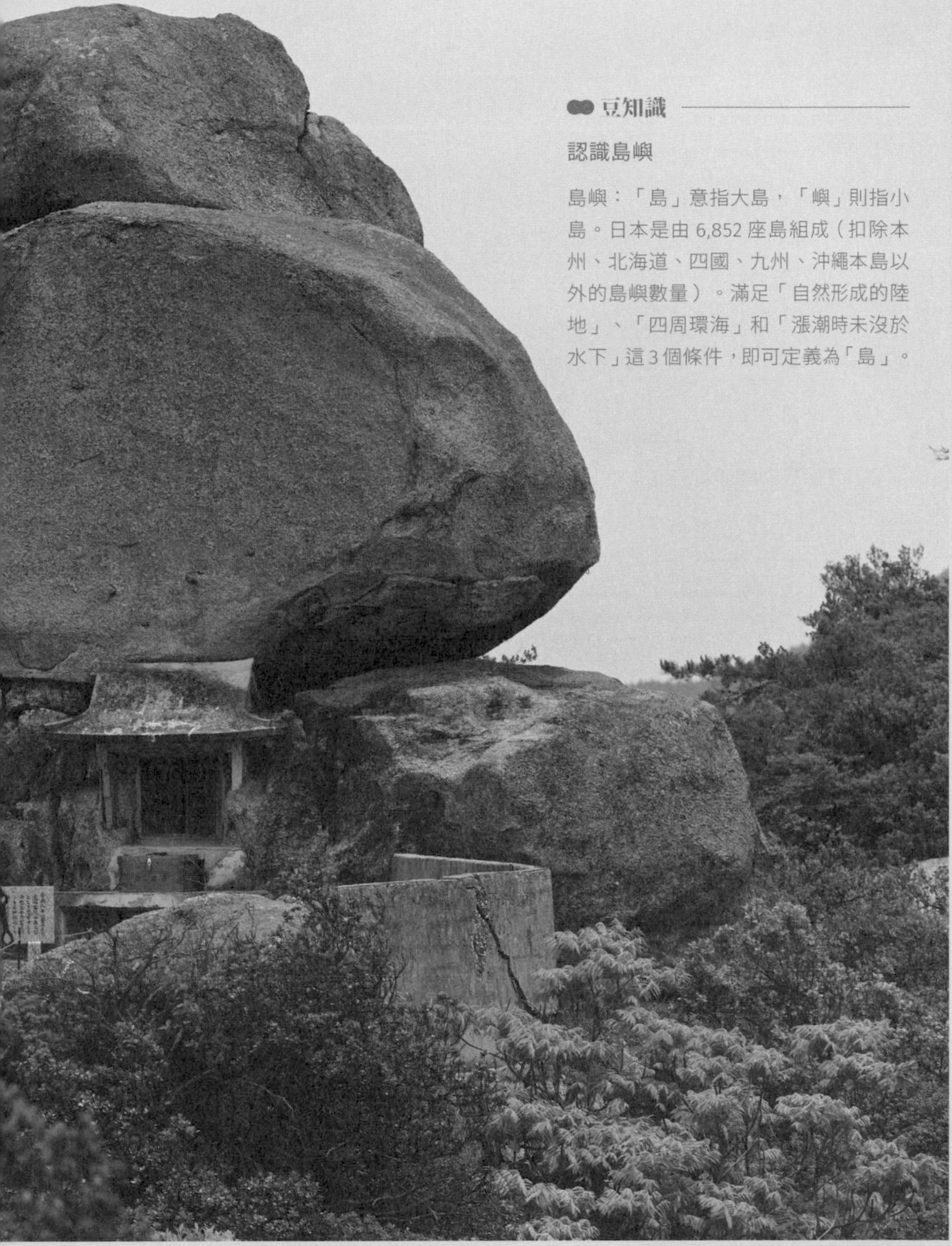

### 豆知識

**認識島嶼**

島嶼：「島」意指大島，「嶼」則指小島。日本是由 6,852 座島組成（扣除本州、北海道、四國、九州、沖繩本島以外的島嶼數量）。滿足「自然形成的陸地」、「四周環海」和「漲潮時未沒於水下」這 3 個條件，即可定義為「島」。

徳島 Tokushima

地址 ADDRESS 徳島県鳴門市大麻町板東塚鼻 126

# 58 靈山寺 Ryouzanji

靈山寺

德島縣「靈山寺」是「四國八十八箇所」巡禮路線的起點，因此靈山寺也被當地民眾暱稱為「一番桑（一番さん）」。這條朝拜 88 間寺院的修行之路，據傳是由真言宗開山祖師弘法大師 * 所創。「走過 88 間寺院便能消除 88 個煩惱，同時獲得 88 樣神佛恩澤、功德」這樣的信念經過約 1,200 餘年，至今仍由踏上遍路 * 朝聖之旅的人們持續傳承。

靈山寺內林立著約有 600 年歷史的「多寶塔」、錦鯉悠游其中的泉水池、供奉弘法大師的「大師

堂」、供奉釋迦如來的本堂等如同博物館般的珍貴建築。走進本堂內部，映入眼簾的是從天花板垂吊而下的眾多燈籠，在燈籠照耀下，繪於天花板的蛟龍壁畫也散發著溫暖光芒。這座當年弘法大師在此為百姓祈福，並定為四國靈場（寺院）第一號禮所的寺院，很是壯觀。

**豆知識**

**・真言宗的開山祖師弘法大師是何許人？**

真言宗是在平安時代初期由空海（弘法大師）傳入日本，成為日本佛教之一。真言宗奠基於空海遠赴長海留學，在青龍寺師事惠果和尚習得的佛教密宗。所謂「密宗」是由師父不只運用言語，也用心靈和身體的所有感覺，將一般視為祕密的教義和禮儀等直接傳授給弟子。

**・何謂遍路（OHENRO）？**

指的是朝拜分布於阿波國（現為德島縣）、土佐國（現為高知縣）、伊予國（現為愛媛縣）、讚岐國（現為香川縣），與弘法大師（空海）有淵源的 88 間寺院。

# 59

徳島県徳島市八万町東山

## 眉山
Bizan

「遙望似眉阿波山，行船向山進，不知何處可停船」是《萬葉集》中歌詠「眉山」的詩句，正因這座山不論從哪個角度都看似狀如「眉毛」，而獲命名為眉山。遊客可自行開車或從阿波舞會館 5 樓的山麓車站搭纜車，前往標高 290 公尺的眉山山頂展望台。展望台上設置了高達 6 公尺，使用 LED 組成的日本最大規模萬花筒裝置，若從萬花筒正下方仰望萬花筒，便能欣賞約 4,100 個 LED 燈交織而成的璀璨閃耀圖樣。

# 60

徳島県鳴門市鳴門町土佐泊浦福池 65-1

## 大塚国際美術館
Otuka Kokusai Museum

大塚國際美術館

**⚠ 注意事項** 入內酌收參觀費用

位於德島縣鳴門市，與知名景點鳴門渦潮相距咫尺的「大塚國際美術館」，展示了使用陶板重現的美術作品，有古代壁畫，也有現代的西洋繪畫等。大塚國際美術館的展示空間面積為日本最大規模，參觀路線長約 4 公里。館內的西斯廷展廳，重現了米開朗基羅的〈創世紀〉壁畫，另外還有義大利斯克羅威尼禮拜廳壁畫等展示，切莫錯過。

# 61

## 阿波踊り
Awaodori

阿波舞

徳島県

「阿波舞」是發源於德島縣的傳統表演，同時也是每到夏季必辦的日本三大盂蘭盆舞盛會之一。表演者隨著三味線和金屬打擊樂器等樂音，輕巧地舞動身軀，踩著獨特的舞步繞行市街。德島市阿波舞擁有 400 年以上歷史，時至今日更是全國知名的夏日祭典。

地址 ADDRESS 高知県高岡郡津野町芳生野

# 天狗高原（四国カルスト）

## Engukogen Highlands（Shikoku Karusuto）

62

天狗高原（四國喀斯特）

橫跨愛媛縣和高知縣交界的「四國喀斯特」台地是日本三大喀斯特台地之一，同時也是日本國內海拔最高的喀斯特台地。在標高 1,485 公尺的「天狗高原」，就能將這樣的絕景盡收眼底。從車窗望見表面呈白色的石灰岩散布於綠色的大草原上，放牧在草原上的黑牛也成了賞心悅目的點綴，不由得按下快門留存眼前的美景。這裡不只適合停下車漫步，也是暢快兜風同時欣賞四國山群的好地點。四國喀斯特台地提供各式各樣的遊憩方式。此處不只白天的景色迷人，若是天候條件佳，入夜後也能看到九州南部以外地區看不到的南十字星座最上方的十字架一，因此也是熱門的觀星據點。

地　　址
ADDRESS　高知県安芸市伊尾木 195-1

# 伊尾木洞
## Iokido Cave

63

彷彿是侏羅紀公園的入口──高知縣「伊尾木洞」。當我聽聞安藝市的郊區有個宛如時空錯位回到數萬年前的洞穴，便前往一探究竟。果然名不虛傳，從看似恐龍張開大嘴的洞穴入口，小心翼翼注意四周的昏暗，再順著有一半是小溪流的通道前進，正是一種冒險的氣氛。這座洞穴是從周圍仍是海洋的遠古時代，經過海浪侵蝕形成的天然海蝕洞。

走過前方有光線照入的區塊後，眼前的世界截然不同。一個由獲指定為國家天然紀念物的蕨類植物生長茂盛的溪谷，嵌在岩壁內的貝殼化石和生態系的聲音組成的世界。不知是岩壁和植物變得巨大，還是我自己變得渺小，這是能讓人感受把自己交給大自然，便能回歸初衷的不可思議空間。

しもなだ

# 64 下灘駅 Shimonada Station

下灘車站

「青春 18 車票＊」廣告海報總是向著日本國內外，傳遞著勾動旅人情懷的情景。數度登上青春 18 車票廣告海報的「下灘車站」，也有著青春 18 車票聖地的別名。下灘車站是無人車站，這裡的主角是可以眺望整片瀨戶內海的狹小月台和老舊的長椅。除了海風吹拂貫穿而過的車站站體內張貼的海報、數字排列稀疏的時刻表、新舊並存的站名看板「下灘」，還有當地居民栽種，隨季節變換為車站增色的花朵外，沒有任何標新立異、華麗的事物，卻仍叫人捨不得離開。拍下月台上等車的身影，我充分體會下灘車站的迷人所在。

### 豆知識

**何為青春 18 車票？**

青春 18 車票是 1 天內可搭乘 5 次日本鐵道全線的普通車、快車，售價 12,050 日圓（可能有變動）的套票。青春 18 車票是在每年學生開始放春假、暑假和寒假前的時期發售，不限年齡均可購買使用。若是親朋好友結伴前往同一目的地，最多可揪 5 人一起使用同一張套票，因此能和家人、朋友一同規劃旅程，購票同行。

地 址
ADDRESS 愛媛県喜多郡内子町内子 2102

# 內子座
Uchikoza

65

「八日市護國」地區是坐落於愛媛縣喜多郡內子町的重要傳統建物群保存區。這裡的木造建築，讓人身處現代也能一窺內子町在江戶時代後期至明治時代繁華的景象。位於這個重要傳統建物群保存區一隅的內子座，在 1916 年（大正 5 年）完工，是為了慶祝大正天皇即位，由內子町當地的有志之士打造的劇場空間。這棟擁有 100 年以上歷史的 2 層樓木造建築，屬於屋頂鋪瓦片的歇山頂式建築，現已獲指定

**注意事項** 入內酌收參觀費用

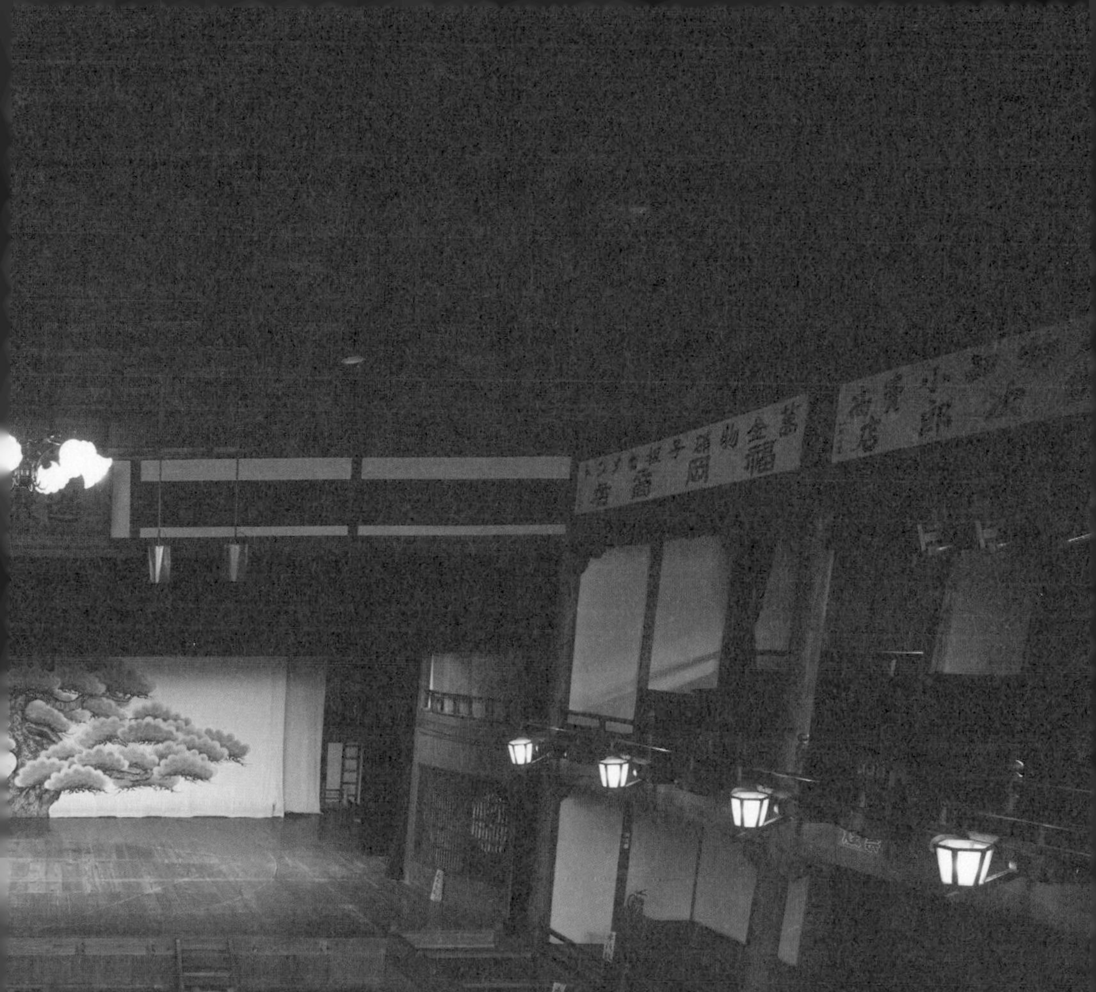

為國家重要文化資產。目前仍供歌舞伎演出使用。踏進內子座，映入眼簾的是從外觀無法想像的寬敞挑高空間。室外的光線射入舞台之松*，供觀眾使用的成排座墊和木材的香氣，讓人感受到這就是日本。隨著時間經過逐年老舊的內子座一度面臨遭拆除的命運，但在當地民眾表示「要帶動內子町發展，內子座仍大有所為」的心聲後，獲得保存修復。位在舞台下方，名為「奈落」的地下空間也開放供參觀，遊客可以看到由人力推送而轉動的舞台機關。希望有一天能在內子座，這個傳承人情的劇場空間欣賞表演。

**豆知識**

舞台之松有何含義？

「松樹」在日本是神明降臨時依附的物體；自古以來日本人將松樹視為神明停留的樹木，懷抱著崇敬之意。

地　址
ADDRESS　愛媛県今治市吉海町南浦 487 番地 4

# 66 亀老山展望公園
## Kirosan Observatory

龜老山展望公園

「龜老山展望公園」位於瀨戶內海的「大島」上，而大島是連接愛媛縣今治市與廣島縣的島波海道途中的一座島嶼。公園裡的展望台是由建築師隈研吾 * 設計。為使展望台融入周邊的自然環境，在建造前先將興建預定地的山頂回復為自然地形，接著栽種樹木，再將混凝土材質的展望台結構體埋入地形中，減少對周邊景觀的破壞，打造獨創的「看不到的展望台」。龜老山展望公園標高僅 307.8 公尺，卻擁有可眺望 360 度壯麗全景的視野，因此吸引來自日本各地的遊客造訪。這裡更是眺望世界首座三連吊橋「來島海峽大橋」綿延 4 公里壯觀景色的絕佳地點。蔚藍的海面和天

空在多座島嶼的襯托下，交織出絕美景色。萬里無雲的晴天時，還能由此眺望日本三大潮激浪之一的「來島海峽」潮流和西日本最高峰「石鎚山」。當我踏上歸途時，看到騎乘單車爬上長斜坡的騎士，但還是強烈建議駕車前往。

**豆知識**

**建築師隈研吾是何許人？**

設計龜老山展望公園展望台的建築師隈研吾，1954 年出生於神奈川縣。在他 10 歲那年，也就是 1964 年東京奧運時，曾造訪丹下健三先生設計的代代木體育館，體育館的優美造形使他大受感動，而將未來的夢想從獸醫師改為建築師。不只日本國內，他也在全球各地參與許多建築計畫，活躍於國際。他的作品特徵是運用木材等天然素材，展現「和（日本）」的意象，而有「和之大家」稱號。因 2020 東京奧運而蔚為話題的新國立競技場，也是由追求建築作品與周邊環境共融的隈研吾負責設計。

愛媛 Ehime | 地　址 ADDRESS　愛媛県松山市丸之内

# 松山城
Matsuyama Castle

67

愛媛縣的「松山城」是日本各地諸多城堡之一。松山城是日本最後一座完整的城郭建築（具備堅固防禦要塞和宏偉房舍的建築）。連同天守 * 在內，城內共有 21 處獲指定為重要文化資產，同時也是日本「現存 12 天守 *」 之一的名城。松山城坐落在可一覽松山市內的勝山山頂，欲造訪松山城的人可搭乘纜車、吊椅前往。日本有不少城堡已隨著江戶時代的「一國一城令（一處領地只能有一座城堡）」、明治時代的「廢城令」等政策和戰爭期間的空襲等破壞而消失，持續保存至今的日本城堡是歷史之寶。

▲ **注意事項**　入內酌收參觀費用

## 豆知識

**何謂「天守」及「現存 12 天守」？**

「天守」是自日本戰國時代起，建於城堡中心位置的瞭望樓名稱。現代主要使用的名詞「天守閣」，是江戶時代後期衍生的俗稱。「現存天守」不以完全保留興建當時原貌為限，也包含經過一次又一次的修復等處理，幾乎維持興建時樣貌的天守。目前日本國內開放供一般民眾參觀的 200 座城堡中，自江戶時代起存續至今的現存 12 天守如下：

松山城（愛媛縣）、高知城（高知縣）、宇和島城（愛媛縣）、丸龜城（香川縣）、弘前城（青森縣）、松本城（長野縣）、丸岡城（福井縣）、犬山城（愛知縣）、彥根城（滋賀縣）、姬路城（兵庫縣）、松江城（島根縣）、備中松山城（岡山縣）。

地址 ADDRESS 愛媛県今治市吉海町南浦 487 番地 4

# 高茂岬
## Komo Misaki

68

---

愛媛縣「高茂岬」從地圖上看起來，給人一種這是否位在離島的感覺。海岬地形在日本並非罕見，但少有高約一百公尺的斷崖絕壁，還能遠眺南方高知縣外海島嶼的環境。從高茂岬望著海平線，不禁令人感覺地球是圓的，而彷彿延伸至海中的遊憩步道，也美得叫人讚嘆。這裡也是日本國內數一數二知名的過境候鳥老鷹棲息站。

老鷹在天空中自由翱翔的景象，叫人難忘。第二次世界大戰期間此處曾設置高茂衛所＊，作為偵察潛水艇等船艦入侵的軍事防禦設施。看著高茂岬入口懸掛的老舊解說牌上「武士功名焉由在，徒剩夏草茂繁生」記載，也讓人感受到戰爭留下的影響。

## 豆知識

何謂高茂衛所？

日本海軍設置的軍事防禦設施。目的在於防範敵軍的潛水艦艇入侵。高茂岬是軍事上的重要據點，二次大戰期間海岬最前端亦曾設有砲台。

## 福岡県 FUKUOKA

**69** 千佛鐘乳石洞 Senbutsu Cave
**70** 椰子樹鞦韆 Palm Tree Swing
**71** 浮羽稻荷神社 Ukiha Inari Shrine
**72** Sorvete do 浮羽 Sorvete
**73** 浮羽山茶 Ukiha No Yamacha
**74** 浮羽道路休息站 Ukiha Rest Area
**75** 翠鳥丹麥麵包 Kawasemi Danish
**76** 皿倉山展望台 Sarakurayama Observatory
**77** 門司港懷舊 Mojiminato Rétro

## 大分県 OITA

**78** 醋屋之坂 Suya No Saka
**79** 延伸入海的軌道 Submarine Line
**80** 海地獄 Umi Jigoku
**81** 兩子寺 Futagoji
**82** 稻積水中鐘乳石洞 Inazumi Underwater Cave
**83** 原尻瀑布 Harajiri Falls

## 宮崎県 MIYAZAKI

**84** 飫肥城跡 Obijyo
**85** 飫肥城下町・Kodama 藝廊 Obi Castle Town・Gallery Kodama
**86** 天安河原 Amanoyasukawara
**87** 日南太陽花園・摩艾石像 Sun-Messe Nichinan・Moai
**88** 高千穗峽 Takachiho-kyo

# KYUSHU REGION

# 九州

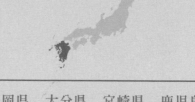

福岡県　大分県　宮崎県　鹿児島県
熊本県　佐賀県　長崎県

INDEX　**NO.69-NO.115**

## 鹿児島県 KAGOSHIMA

**89** 輝北天球館 Kihoku Tenkyukan
**90** 枕崎車站 Makurazaki Station
**91** 大浪池 Ōnamino Ike
**92** 櫻島 Sakurajima
**93** 雄川瀑布 Ogawa Waterfall
**94** 星巴克鹿兒島仙巖園店
Starbucks Coffee
Kagoshima-Sengan-en Store
**95** 仙巖園 Sengan-en
**96** 曾木發電廠遺跡
Ruin of Sogi Power Plant
**97** 溝之口洞穴 Mizonokuchi Cave
**98** 清水磨崖佛
Kiyomizumagaibutsu

## 熊本県 KUMAMOTO

**99** 天草的崎津聚落 Amakusa No Sakitsu Village
**100** 押戸石之丘 Hill Of Oshito Stone
**101** 日本第一石階 3,333 階（釋迦院） The Best Stone 3,333 Steps in Japan ( Shakain )
**102** 萬田坑 ステーション Mandakostation
**103** 鍋瀑瀑布 Nabegataki Falls
**104** 三角西港 Misumi West Port
**105** 米塚 Komezuka

## 佐賀県 SAGA

**106** 虹之松原 Niji No Matsubara Pine Grove
**107** 玄海海中展望塔 Genkai Observation Tower
**108** 武雄大楠 Takeo's Okusu Tree
**109** 大魚神社的海中鳥居及周邊景觀
Sea Torii of Ohuo Shrine and Landscape
Around the Shrine
**110** 御船山樂園 Mifune Rakuen
**111** 七釜 Nanatsugama

## 長崎県 NAGASAKI

**112** 七釜鐘乳石洞 Nanatsugama Cave
**113** 展海峰 Tenkaiho
**114** 雲仙地獄・御絲地獄
Unzen Jigoku・Oito Jigoku
**115** 佐世保漢堡本店－漢堡博物館
Sasebo Burger -
Headquarters Burger Museum

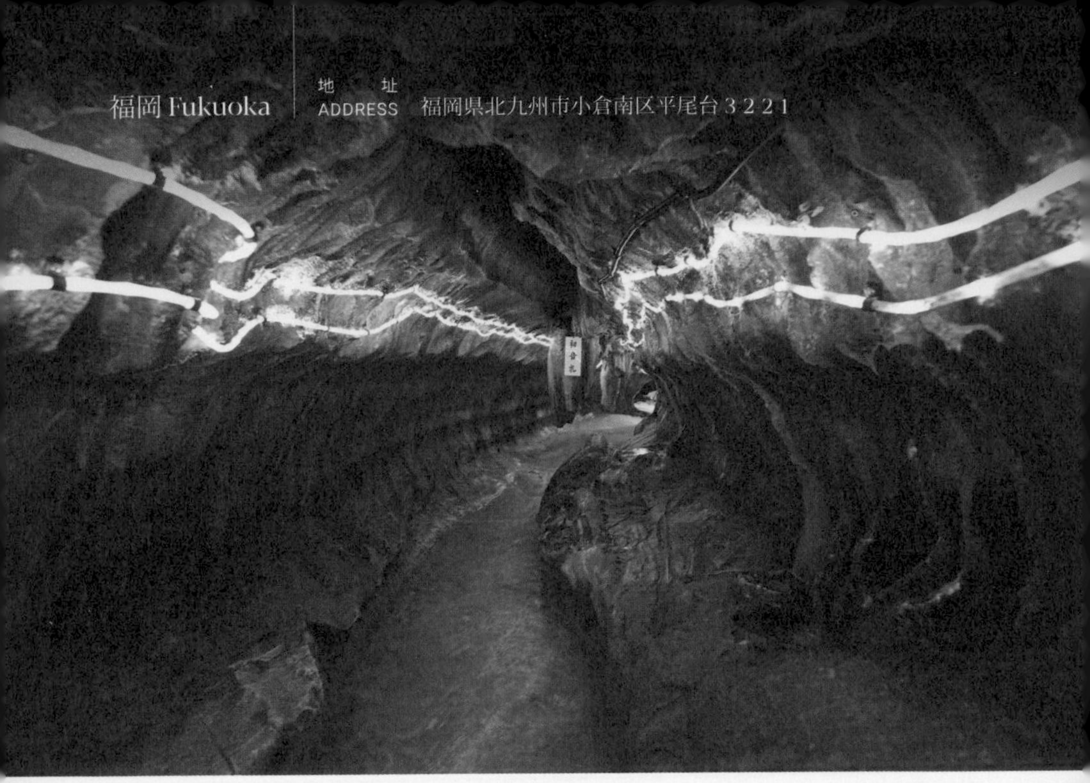


# 69 千仏鍾乳洞

千佛鐘乳石洞

## Senbutsu Cave

「千佛鐘乳石洞」位在日本三大喀斯特台地之一的平尾台地底。這是一座參觀時要涉水前進的冒險型鐘乳石洞。宛如走進電玩遊戲世界一般，我穿過離洞口不遠的「天蓋岩」，展開這趟地底探險之旅。沁心涼的洞穴內，在步道平坦外加適當配置的照明幫助下，我順利走完前半段路線。但來到名為「奥之細道」的地點時，以此為界，腳下開始有水流動。一直往前延伸的通道越來越窄，因此不涉水便無法前進，建議穿著方便行走的涼鞋前來（此處提供免費拖鞋出借）。未設照明的地方就是參觀路線的盡頭，此時水已浸到大腿處。走過在昭和10年（1935年）獲指定為國家天然紀念物的千佛鐘乳石洞，即可親身感受地球生命力創造的神祕之美。

**▲ 注意事項** 入內酌收參觀費用

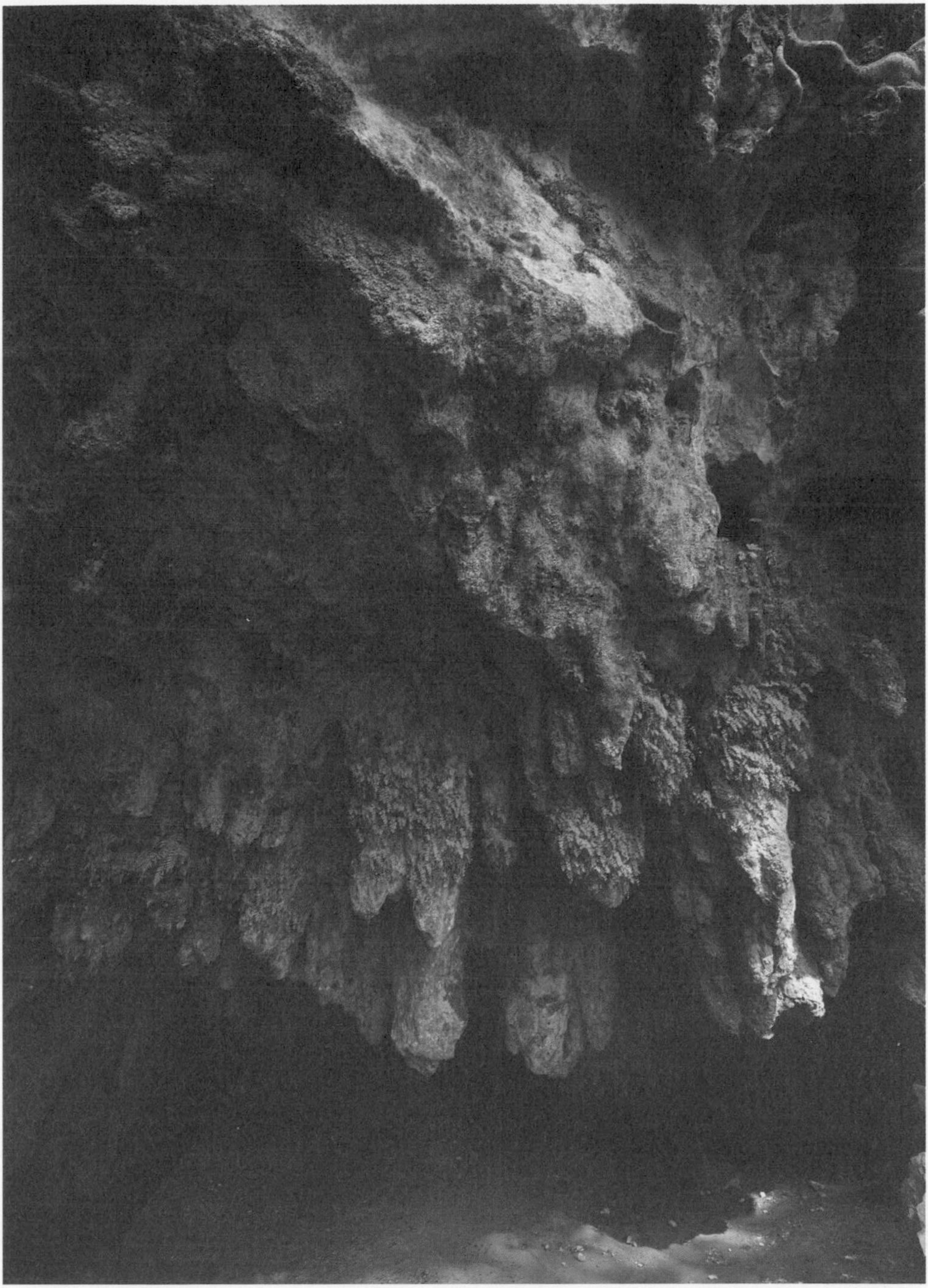

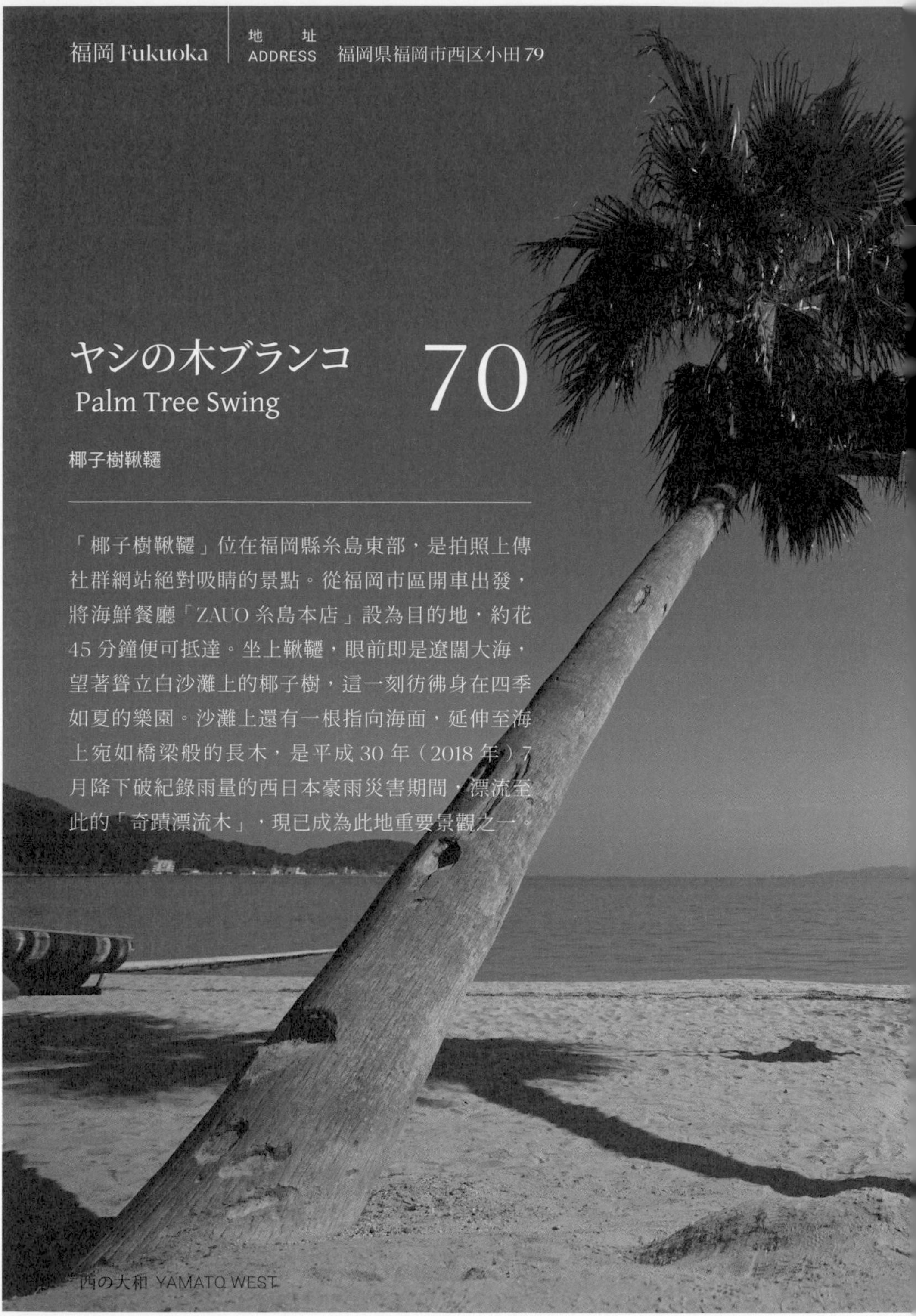



地址 ADDRESS 福岡県福岡市西区小田 79

# ヤシの木ブランコ Palm Tree Swing 70

## 椰子樹鞦韆

「椰子樹鞦韆」位在福岡縣糸島東部，是拍照上傳社群網站絕對吸睛的景點。從福岡市區開車出發，將海鮮餐廳「ZAUO 糸島本店」設為目的地，約花 45 分鐘便可抵達。坐上鞦韆，眼前即是遼闊大海，望著聳立白沙灘上的椰子樹，這一刻彷彿身在四季如夏的樂園。沙灘上還有一根指向海面，延伸至海上宛如橋梁般的長木，是平成 30 年（2018 年）7 月降下破紀錄雨量的西日本豪雨災害期間，漂流至此的「奇蹟漂流木」，現已成為此地重要景觀之一。

UKIHASHI

# 浮羽市

## グルメ＆スイーツの宝庫、うきは市

### 浮羽市——美食＆甜點的寶庫

這篇要介紹的是福岡的甜點天堂——浮羽市。平成15年（2003年）「浮羽市」將原本使用漢字標示的市名改為平假名的「うきは市」，一展新氣象。更改的目的是為了讓浮羽市誠如其名，成為平易近人且人見人愛的城市。

造訪浮羽市，不妨參觀舊式商家建築（町屋）和白壁倉庫林立的「筑後吉井白壁街區（筑後吉井傳統建物群保存地區）」。筑後吉井在江戶時代因地理位置而具備驛站功能，成為人潮聚集往來的據點，後續又因農產加工品產業興盛和商人的金融交易而繁榮，這樣的經濟發展到大正時代達到最高峰，而現有的街景也是在此時期成形。目前這裡約有250棟幾乎完整保留大正時代樣貌的建物，當中不乏翻修內部再充分活用，賦予新時代氣息的空間，連同支撐在地經濟發展基礎的河川和水道等，建構而成串聯過去和現代且傳承至後世的歷史景觀。

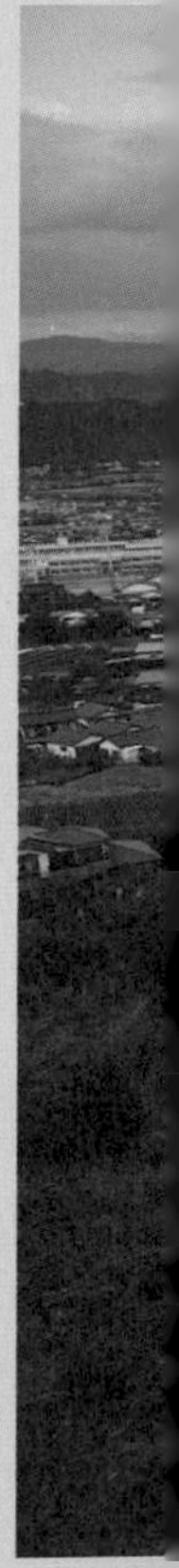

＼給欲駕車前往者的建議／

有意前往參觀白壁建築街景時，建請利用市營免費停車場

（福岡縣浮羽市吉井町1043-2）

福岡県うきは市浮羽町流川 1513-9

# 71

## 浮羽稲荷神社
## Ukiha Inari Shrine

浮羽稲荷神社

「浮羽稲荷神社」沿著山坡矗立的近百座鳥居讓人印象深刻。登上300階的石階，站在高台上便能將浮羽市的景觀盡收眼底。

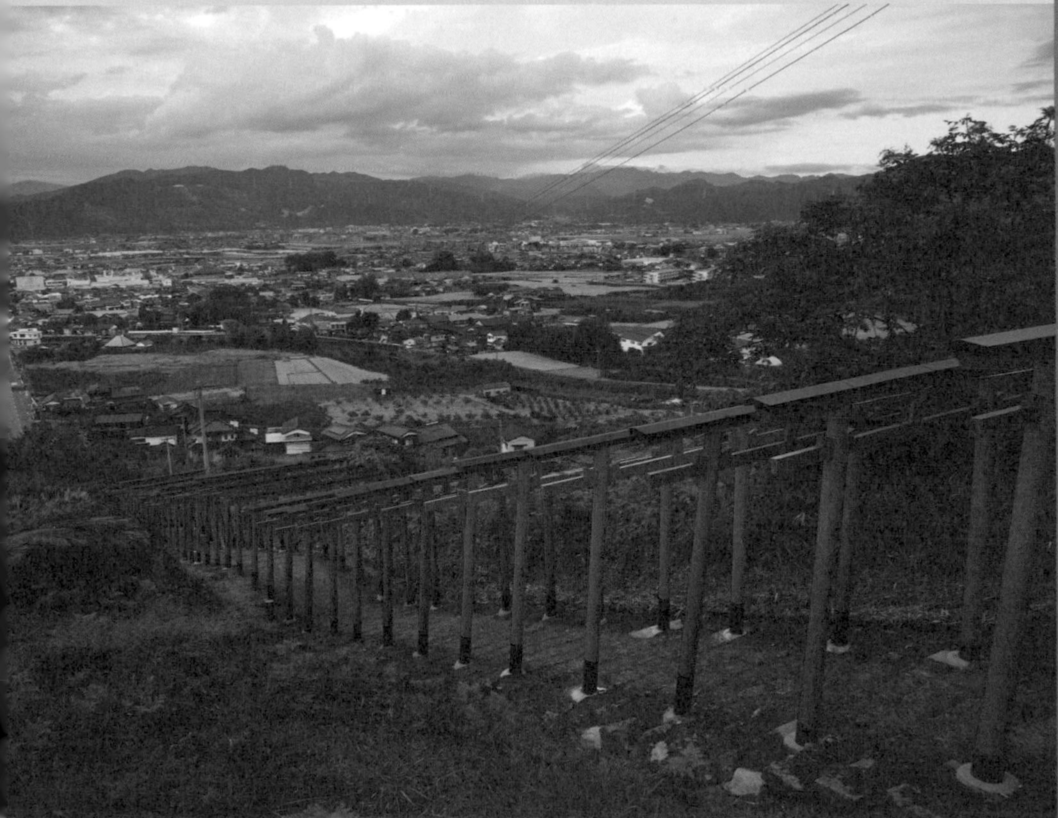

推廣浮羽市的台灣導遊 ZUZU 小姐

# — 推 薦 甜 點 特 輯 —

## 72

福岡県うきは市浮羽町山北 1485

## ソルベッチ do うきは

Sorvete

Sorvete do 浮羽

店外有花壇環繞，有著可愛外觀的「Sorvete do 浮羽」是一家義式冰淇淋專賣店。選用浮羽市在地的水果、牛奶和茶葉等，適合製作低脂義式冰淇淋的新鮮農產品作為原料。店名的「Sorvete」是葡萄牙語，意指冰淇淋。

福岡県うきは市浮羽町山北 227-2

## 73

## うきはの山茶

Ukiha No Yamacha

浮羽山茶

和風外觀的店鋪和店鋪前方整片茶園讓人印象深刻的茶行「浮羽山茶」，講究的種茶之道首重養土，完全不用化學農藥、化學肥料和除草劑，而使用加入微生物讓有機肥料發酵形成的發酵肥料。同時，為了維持茶葉品質，每日除草作業一律不用機器，均靠人工處理。這些用心堅持和努力，只為了提供回甘美味、安心安全的優質茶葉給消費者。店內販售茶葉種類豐富多樣，工作人員也會提供詳細介紹，令人安心。

福岡県うきは市浮羽町山北 729-2

## 74 道の駅うきは

## Ukiha Rest Area

浮羽道路休息站

木造建築的農特產直營店裡販售豐富多樣的新鮮蔬果，特別是這裡的水果三明治，是熱愛甜食的螞蟻人不容錯過的美味。今天也有不少造訪浮羽市的觀光客和當地民眾，前來挑選農產品和特產。這裡還有能一覽筑後平原的高台，供遊客享用美食同時欣賞美景，切莫錯過。

福岡県うきは市吉井町 1340

## 75 カワセミデニッシュ

## Kawasemi Danish

翠鳥丹麥麵包

以「白壁裡的哥本哈根」為概念，讓人絕對想一訪的話題水果丹麥麵包專賣店「翠鳥丹麥麵包」，店內供應嚴選當季盛產食材特製的 3 款丹麥麵包，提供外帶和內用。內用可挑選其中一款麵包搭配店家自製冰淇淋，品嘗多層次口感交織而成的美味。木質風格的店內空間給人一種回到家的溫馨舒適感。點餐後便能欣賞、拍攝在開放式櫃檯進行的優美甜點製作過程（拍攝前請先向工作人員打聲招呼）。照片內是選用浮羽當地農園（石橋想園）栽種的蘋果，精心搭配的「季節盤式甜點」。嘗一口便能體驗水果的馥郁香氣和層層堆疊口感共創的幸福時刻。住在東京市中心的我也難得嘗到這樣的感動。我一定還會再次造訪浮羽市。

地址 ADDRESS 福岡県北九州市八幡東区大字尾倉 1481-1

# 76 皿倉山展望台
## Sarakurayama Observatory

皿倉山展望台

「皿倉山展望台」是讓造訪者大開眼界的新日本三大夜景＊之一。我搭上登山纜車和單軌纜車，緩緩朝皿倉山（標高 622 公尺）的山頂前進。新展望台是具備無障礙設施的鋼筋水泥 3 層樓建築。白天可眺望洞海灣一帶到關門海峽的北九州市整體街景，入夜後映入眼簾的，是北九州市民工作起居點亮的燈光交織而成的絕景。目前這樣的景觀享有「100 億美金夜景」的美譽，我對這樣的形容深表贊同。讓人開心的是展望台和展望露台面積廣闊，即使參觀人潮湧入，還是能站在最前方遠眺美景。請千萬別錯過這座絕對讓人感動的皿倉山展望台。

**注意事項** 入內酌收參觀費用

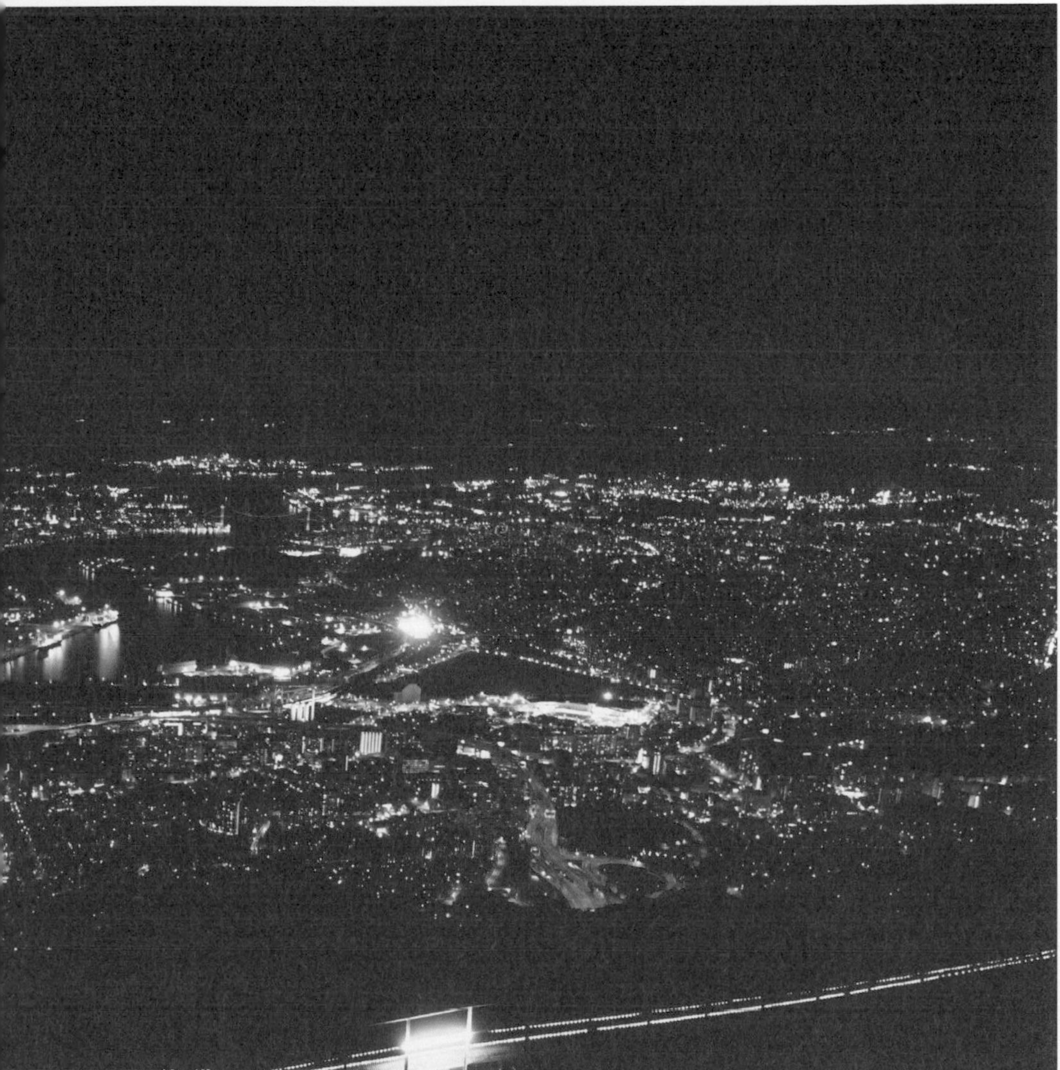

### 豆知識

**日本三大夜景其實不只三處？不同的日本三大夜景名單：**

・**日本三大夜景**：無既定定義，但最為人熟知的三大夜景分別是：
①北海道函館市函館山、②兵庫縣神戶市摩耶山掬星台、③長崎縣長崎市稻佐山

・**新日本三大夜景**：由夜景愛好人士成立的團體「新日本三大夜景暨夜景百選祕書處」在 2003 年公布的三大夜景：
①山梨縣山梨市笛吹川水果公園、②奈良縣奈良市若草山、③福岡縣北九州市皿倉山

・**日本新三大夜景**：「夜景觀光 Convention Bureau」在 2015 年公布的三大夜景。這份名單除了比上述 2 個三大夜景更新之外，還以能欣賞夜景的都市作為對象，也是這份名單的特徵：
①長崎縣長崎市、②北海道札幌市、③福岡縣北九州市

# 77

福岡県北九州市門司区港町

## 門司港レトロ
Mojiminato Rétro

**門港司懷舊**

福岡縣北九州「門司港」曾是日本三大港（神戶、橫濱、門司）之一，從明治時代到昭和初期曾繁榮一時，成為重要國際貿易據點的港口城市。第二次世界大戰結束後，日本與中國大陸之間的貿易規模縮小，使得港口使用狀況漸趨低迷甚而衰退。唯後續在官民合作下，門司港於 1995 年以「門司港懷舊」的樣貌重獲新生。附帶一提，設於門司港第一船塢的行人專用「開合橋」極具震撼力。

中国料理
大連あかしあ

地　址
ADDRESS　大分県杵築市大字杵築 207 先

# 78 酢屋の坂
Suya No Saka

醋屋之坂

江戶時代經營鹽屋（酒類專賣店）而生意興旺的富商鹽屋長右衛門，開始做起賣醋的生意。他經營的醋類專賣店就在坡道下，坡道因而名為「醋屋之坂」。兩條位於南、北邊的坡道，各自名為「鹽屋之坂」和「醋屋之坂」。坡道頂端的高台上，武士的宅邸並排矗立，而高台之間狹窄低處便是商人開店居住的區域。坡道是由石板疊砌而成，加上每片石板厚度只有 3 公分，腳踩的地方長約 133 公分，因此一下子就能爬到高台。上寬下窄的坡道，隱藏著方便從上方發動攻擊的設計巧思。與周圍土牆和石垣和諧相容的優美石板坡道，不論在江戶時代還是現代，都是市民使用的主要通道且獲得珍惜保存。

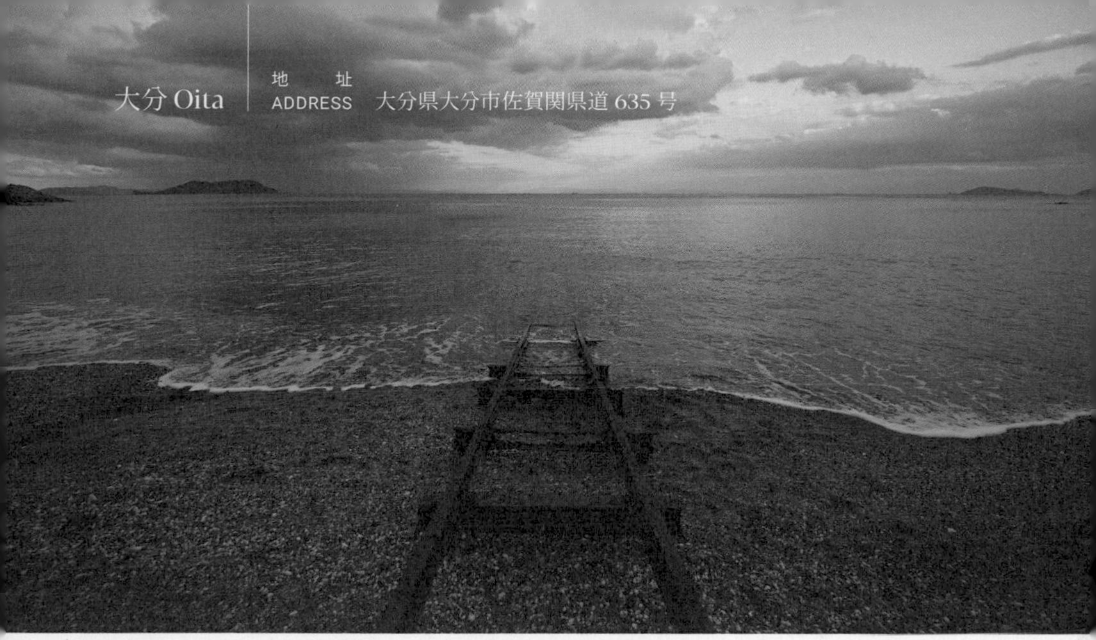


# 79 海に続く線路 Submarine Line

延伸入海的軌道

日本引以為傲的宮崎駿執導作品《神隱少女》裡延伸至海中的鐵路軌道，實際存在於大分縣佐賀關地區 !? 直到我在 2021 年執筆的此時，這個地點仍無正式命名，人們多半稱為「延伸入海的軌道」和「海中軌道」。這條看似海中電車使用的鐵軌，其實是為了將漁船推送入海，或搬運需維修的船隻而設置的軌道。待在沙灘上，望著留下歷史痕跡的軌道模樣，聽著平靜響起的波浪聲，讓我忘卻時間，直到夕陽西下。軌道的所有權人 * 基於「若能活化地區發展」的想法，將此地對外開放，每天都有不少人為了拍下迷人照片，慕名而來。

## 豆知識

· 誰是海中軌道的主人？

NPO 法人佐賀關社區總體營造協議會理事長渡邊先生（86 歲）是這條軌道的所有權人，他提醒造訪此地的遊客們注意：「雖然沒有禁止遊客走進軌道裡，但鑑於軌道老舊，因此希望大家不要站在軌道上面。即便不太有人會亂丟垃圾之類的東西，但還是希望能維持軌道的狀態。這裡沒有洗手間也沒有用餐的地方，可是仍希望來到這裡的人能開心享受。若大家看到我在，希望也能跟我打聲招呼。」

大分 Oita | 地　址 ADDRESS　大分県別府市鉄輪 559-1

# 海地獄
## Umi Jigoku

# 80

搭乘觀光巴士參觀別府溫泉鄉內各處自然湧出源泉的別府地獄巡禮中，最為知名的景點莫過於是「海地獄」。因 1,200 年前活火山鶴見岳爆發而形成，至今仍不時噴發蒸氣、熱水、熱泥的海地獄，因溫泉水色澤與海水相似而有此名。鈷藍色的溫泉水溫竟高約 98 度。後方群山和一旁的「別府白龍稻荷大神」，在滾燙溫泉飄出的蒸氣襯托下別具存在感。我在這裡品嘗了特製的「地獄蒸布丁」和「溫泉蛋」。單手拿著浸泡過海地獄溫泉水製成的「溫泉蛋」，眺望這裡的景觀，真是無與倫比的享受。

▲ **注意事項**　入內參觀需付費

大分県国東市安岐町両子 1548

# 81

## 両子寺

兩子寺

Futagoji

大分縣的國東半島是「神」道教和「佛」教融合為一的信仰系統發源地。因此，坐落在國東半島兩子山山腰的兩子寺裡，聳立著鳥居等能感受宗教信仰相互認同的象徵。穿過通往奧之院的入口鳥居，走入神聖的世界，向大自然裡的神靈祈求五穀豐收，也向追求了悟之道的佛教探求人的生存方式。

大分県豊後大野市三重町中津留 300

## 稲積水中鍾乳洞

Inazumi Underwater Cave

# 82

稻積水中鐘乳石洞

「稻積水中鐘乳石洞」位於日本名水百選的白山川上游，因數十萬年前的阿蘇火山大噴發而沉入水底，形成現在的風貌。洞內溫度整年維持 16 度上下，擁有珊瑚石等樣貌各異其趣的岩石。洞內部分區域設有藍色燈光照明，讓造訪的遊客體驗如夢似幻的情境。

# 83

大分県豊後大野市緒方町原尻 410

## 原尻の滝
## Harajiri Falls

原尻瀑布

有大分的尼加拉瀑布之稱的「原尻瀑布」，位於緒方平原中央附近，是一座寬度長達120 公尺的大型瀑布，噴濺的水花隨著隆隆水聲覆蓋周遭。造訪此地，除了從瀑布正前方的瀧見橋（現在禁止進入）眺望，還能走到瀑布下方的水池附近，仰望瀑布形成的壯觀水簾，能從不同角度欣賞這座因規模宏偉而入選大分縣百景的原尻瀑布，也是此處魅力所在。

O B I J Y O

# 飫肥城

# 84

宮崎県日南市飫肥 10-1

## 飫肥城跡
Obijyo

宮崎縣日南市的飫肥在江戶時代，曾因身為「飫肥城」的城下町（領主居住城堡周圍的政治、經濟中心）而繁榮發展。造訪此地，不只能漫步街道欣賞保留江戶時代當時樣式的街景，還可遍嘗種類豐富的在地美食。

當我來到入選日本百大名城的飫肥城，首先映入眼簾的是在 1978 年（昭和 53 年）修復完成的大手門，隨之則是宏偉的石垣和白壁。城內的「松尾之丸＊」和「藩校振德堂」等處展示了記載飫肥領主伊東家歷史的珍貴資料。進入同樣位在城內的「飫肥城歷史資料館」，可欣賞武士作戰時穿戴的鎧甲和頭盔。城內隨處可見筆直聳立的飫肥杉，再往內走便是本丸遺跡。而我在沉醉於眼前寧靜的杉林和整面嫩綠青苔的美景，用力深呼吸後，隨即前往飫肥城下町。

▲ **注意事項**　入內參觀需付費

**豆知識**

**何謂松尾之丸？**

建於江戶時代初期，「書院造」形式的飫肥城主居住宅邸。書院造指的是有天花板、地板鋪有榻榻米、會客室設有壁龕，同時以隔間方式，將整棟建物隔成數間房間的建築樣式，這也是現代和室的原形。占地範圍內有御座之間（城主的起居室）、御寢室（城主的寢室）、茶道專用房間等 20 間房間。牆上貼有介紹和資訊供參訪者閱覽。

# 85

宮崎縣日南市飫肥 8 丁目 1-1

飫肥城下町・Kodama 藝廊

## 飫肥城下町・ギャラリーこだま
## Obi Castle Town・Gallery Kodama

在江戶時代曾是「飫肥城」城下町（領主居住城堡周圍的政治、經濟中心）的飫肥，因仍保留江戶時代的土地分區，同時維持當時的街道寬度且傳統建物保存狀態良好，而獲指定為國家重要傳統建物群保存地區。看著鯉魚在溝渠清流裡優雅悠游，欣賞併排羅列的商家和象徵武士宅邸的門坊，也讓人能感受那個繁華熱鬧的時代風貌。

而只有在指定店家才能品嘗的宮崎縣在地美食「日南一本釣鰹魚炙燒重」，是將米飯盛裝於箱型餐盒內，配上以炭烤火爐炙烤兩種口味醃漬鰹魚的套餐。能在歷史建築裡大快朵頤的傳統美味，深受日本國內外遊客的喜愛。新鮮鰹魚的吃法多達 3 種，①是「直接生吃」，②是「放在迷你炭烤火爐上炙燒後再享用」，③則是「茶泡飯」。

**注意事項**

① 不排除因季節或進貨狀況影響而無法供應鰹魚套餐
② 只收現金

宮崎 Miyazaki

地址 ADDRESS 宮崎県西臼杵郡高千穂町岩戸

# 天安河原

Amanoyasukawara

86

根據《古事記》、《日本書紀》等日本神話記載，「天安河原」是天照大神隱身於岩窟裡，天地變得昏暗時，有八百萬諸神前來聚集商議的處所。這片鄰近天岩戶神社西本宮的河濱平原，中央有座名為天岩戶又名仰慕窟的洞穴，是天岩戶神社西本宮供奉的天照大神御神體。身處這個寂靜無聲的地方，當腳下的影子隨著太陽方位而變動，洞穴內的鳥居和人們為了許願而堆疊的無數石塊，也因此展現不同風貌。真不愧是宮崎縣最強大的能量地點。

# 87 サンメッセ日南・モアイ像

## Sun-Messe Nichinan・Moai

宮崎県日南市宮浦 2650

日南太陽花園・摩艾石像

宮崎縣日南太陽花園裡，竟有7座跟南太平洋拉帕努伊島（復活節島）上一模一樣的「摩艾石像」！這是全世界唯一獲得拉帕努伊島長老會准許，完全復刻打造的摩艾石像，以回報日本派遣的修復團隊自1992年起費時3年，讓因地震倒塌的15座摩艾石像再次矗立，同時象徵雙方的友誼。附帶一提，摩艾的「摩」代表未來，而「艾」則意指生存，換句話說「摩艾」有著「活在未來」的意涵。

▲ **注意事項**　入內酌收參觀費用

宮崎県西臼杵郡高千穂町三田井御塩井

# 88

## 高千穂峡

Takachiho-kyo

高千穂峡

由阿蘇山噴發的岩漿受侵蝕而形成的「高千穗峽」，是宮崎縣數一數二的觀光勝地。所在位置鄰近宮崎縣、熊本縣和大分縣這3縣交界，有付費遊船供租借，遊客可划船前往「真名井瀑布」，仰望欣賞溪谷和瀑布的絕美風景。

▲ **注意事項**　入內酌收參觀費用

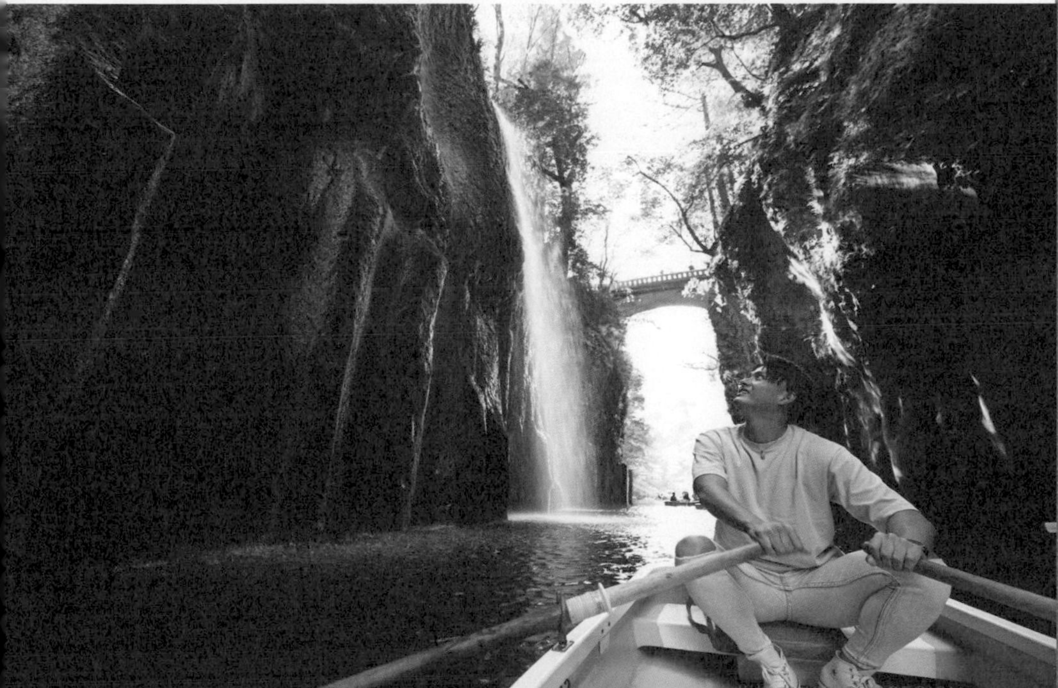

# 輝北天球館
## Kihoku Tenkyukan

89

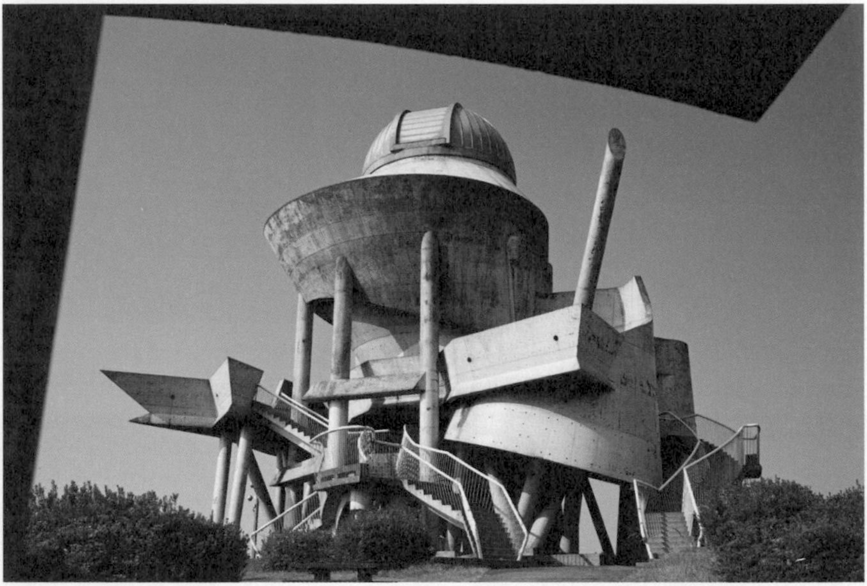

「輝北天球館」那彷彿隨時要啟動前進的造形，令人聯想起宮崎駿執導作品《霍爾的移動城堡》。這座天文台，位在標高 550 公尺高台上的輝北 UWABA 公園內，前方有風車，遠望可見櫻島和霧島連山。該受矚目的不只是它特殊的建築設計，而是曾數度在日本的環保主管機關環境廳主辦的星空持續觀測調查活動中，贏得「觀星清晰度日本第一場所」的肯定。人們在安排旅遊行程時，鮮少會安排夜間觀星的活動，但知道這裡的觀星清晰度是日本第一，不免會覺得好奇吧。透過圓體觀測台的高階天文望遠鏡，即便在白天也能看到明亮的星星。令人難以忘懷的美麗星空，正在鹿兒島縣的山丘上等著你。

鹿児島 Kagoshima

地址 ADDRESS 鹿児島県枕崎市東本町 23-5

# 90 枕崎駅 Makurazaki Station

枕崎車站

「枕崎車站」是日本 JR 公司鐵路路線最南端的車站。從最北端的北海道「稚內車站」延伸到「枕崎車站」的軌道距離，約 3,100 公里。若拿東京到台灣台北約 2,100 公里的直線距離（飛行航線）來比較，便能明白這條從最北端車站到最南端車站的鐵路路線有多長。現在，遊客造訪 JR 日本最南端車站所在的枕崎市，可在枕崎車站附近的觀光導覽所等 7 個主要觀光設施，買到「抵達證書（1 本 200 日圓）」。既然特地到此一遊，因此不少人買來當作紀念。車站周邊栽種的椰子樹，讓枕崎車站散發著南國氣息。來到這裡，不妨一併造訪坊野間縣立自然公園的門戶——「火之神公園」，欣賞高達 42 公尺的「立神岩」吧。

ŌNAMINO IKE

# 大浪池

### ▲ 注意事項

霧島山仍是活火山，因此造訪前請先至「霧島市官方網站」等處，查詢入山管制等登山步道的最新資訊。

鹿兒島県霧島市牧園町高千穗

# 91
# 大浪池
## Ōnamino Ike

那部電影的知名場景就在這裡？這次我挑戰的是離鹿兒島機場不遠的霧島山裡，鹿兒島縣的祕境「大浪池」。這是標高1,241公尺、火山口圍約2公里、水深11公尺的巨大圓形火山口湖。地名緣自一則龍神化身美少女來到人間的「御浪傳說＊」。不僅如此，大浪池帶著神祕色彩的景象，也和新海城誠執導的《你的名字》還有細田守執導的《狼的孩子雨和雪》等日本動畫電影作品當中的關鍵場景相似，因而受到矚目。

縣道1號新湯溫泉與新床展望台中間一帶，就是一般登山口。從登山口開始的步道，是由石階構成，方便行走。我造訪當日也看到許多攜家帶眷的遊客。從登山口到大浪池約費時35分鐘，漫步繞行一圈約要2小時。遊客能從步道眺望橫跨鹿兒島線和宮崎縣，約20多座火山組成「霧島連山」。而從大浪池則可遠眺霧島錦江灣國立公園內的「韓國岳」，和曾出現在007系列電影《雷霆谷》中的「新燃岳」等山峰。這趟登山行讓我深感滿足。到了春天，火山口壁將開滿金縷梅花，不論哪個季節都有其魅力，因此等季節變換後，我還想再訪此地。

## —御浪傳說—

從前從前，這個池子的山腳下村子裡，有個有錢的村長。村長什麼都不缺，唯一遺憾就是膝下無子。村長夫婦向山神許願。過沒多久，村長太太懷孕，之後便生下一名可愛女嬰。女嬰名叫「御浪」。御浪有顆純淨的心，且人見人愛，隨年紀增長而日益貌美。村民們甚至說御浪是女神轉世。

在御浪 18 歲的那年春天，有人上門求親。但不知為何，御浪每次聽到雙親問起婚事，只是露出落寞的笑臉。不知不覺中，御浪變成鬱鬱寡歡的少女，還生了病。村長夫妻為醫治她的病，四處奔走尋醫求藥，卻絲毫不見效果。美麗的御浪逐日漸消瘦。某天晚上，御浪開口說：「我想去山裡。」

當御浪來到池畔，眼睛突然閃著光輝。御浪趁著村長夫妻不注意時，躍入池中。藍黑色的池水彷彿什麼事都沒發生一般，又恢復原有的平靜，獨留發現女兒不見蹤影的村長夫妻悲痛的哭喊聲，響徹林梢。他倆不停繞著池畔直到天色破曉，太陽升起。但始終不見御浪美麗的身影。原來，御浪是棲身在這座池裡的龍王化身，因感受到村長夫妻的熱切心願，才變成他們的女兒。從此之後，這座池便被人稱為「御浪之池」。不知從何時起就成了「大浪池」。

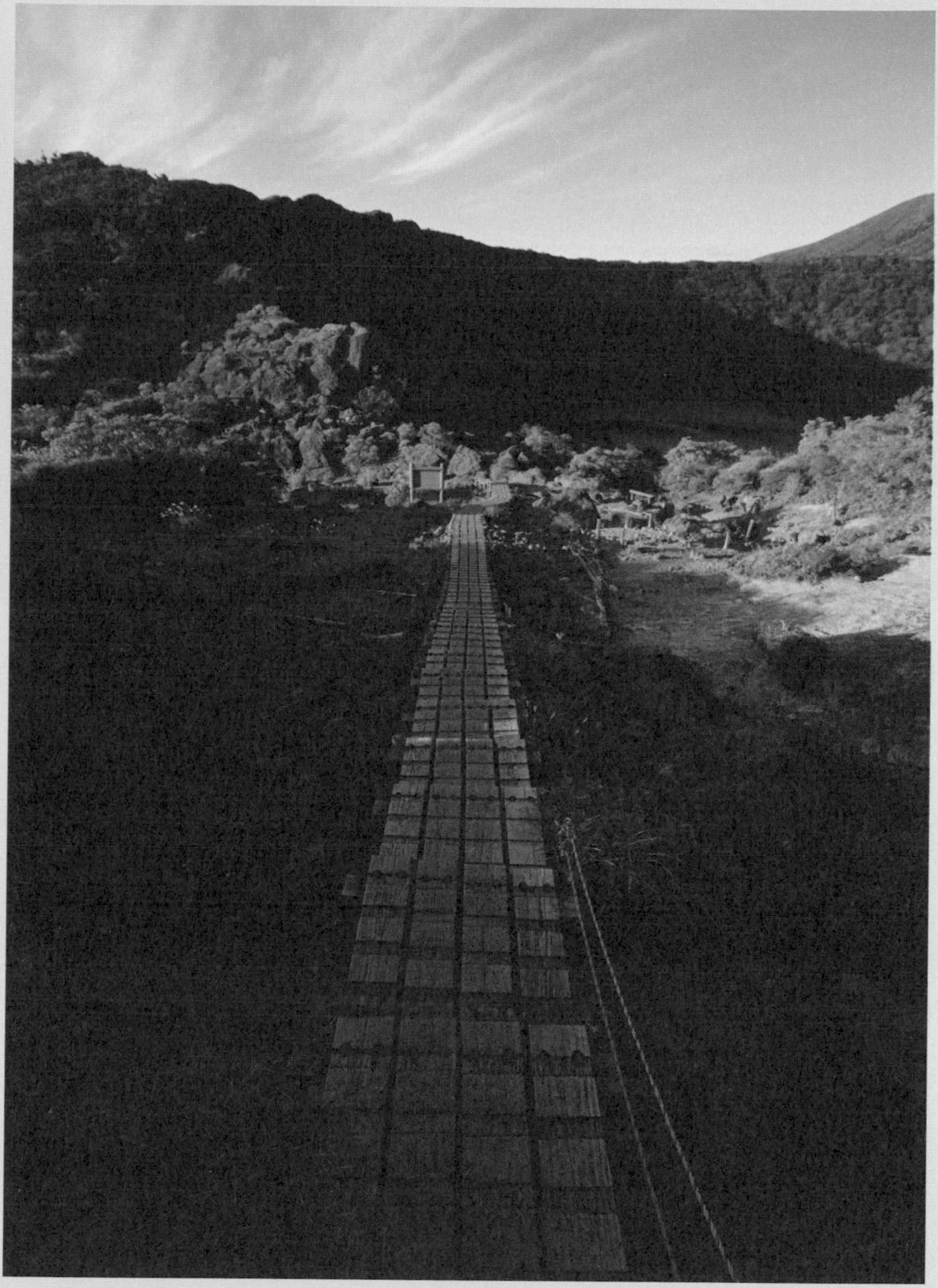

# 92 桜島 Sakurajima

櫻島

歷經多次大規模噴發，地形隨時代變化的「櫻島」，是鹿兒島縣的象徵。以前的櫻島誠如其名，是一座「島」，但 1914 年大正噴發產生的岩漿，填滿了櫻島和鹿兒島縣大隅半島之間寬 330 ～ 400 公尺、水深 70 ～ 80 公尺的瀨戶海峽，形成連接櫻島和大隅半島的陸地。人們造訪鹿兒島時，能從許多地方看到櫻島。從東側眺望時，櫻島看似有如富士山一般的三角形；若換個角度，便能看出櫻島是由北岳和南岳這兩座主峰相連的複合火山。距今最後一次噴出岩漿的噴發，是 1946 年的昭和噴發，自此之後櫻島仍持續噴出火山灰。不過，對鹿兒島縣民來說，櫻島的噴發是日常情景。最早從繩文時代開始，櫻島就有人居住。居民雖要面對火山噴發帶來的災害，但也受惠於火山孕育的溫泉、優美景觀和美味的農產品。

地址 ADDRESS 鹿児島県肝属郡錦江町田代川原 5876-2

# 93 雄川の滝 Ogawa Waterfall

雄川瀑布

鹿兒島南大隅町的「雄川瀑布」是全日本最令我感動的瀑布。這座瀑布不以水量、高度取勝，它迷人的地方在於瀑布下方水池閃耀著翡翠綠色澤、水的流動和風吹拂形成的白沙、眼前整片岩壁湧出的水簾交織而成的天然美景。彷彿俯瞰著高低落差約 46 公尺、寬約 60 公尺的瀑布，優雅飛舞翱翔天際的鳥類身影，也讓我忘記時間存在，接連按下快門，回過神來才發現已日落西山。我相信這座因 NHK 大河劇《西鄉殿》、電影《王者天下》取景地而聞名的雄川瀑布，今後也能吸引更多人潮吧。

本次參觀介紹的景點是「雄川瀑布展望台」和「雄川瀑布上游展望台」。需注意雄川瀑布可進入參觀遊覽的地點，會隨造訪時期、當時降雨狀況變動，建議在出發前至「南大隅町官方網站」查詢。附帶一提，瀑布下方水池無法游泳。

**豆知識**

欣賞瀑布下方水池美景的 3 大條件：

① 連續數日皆是萬里無雲的晴天，且水量少的期間
② 太陽位在高處照射瀑布下方水池的時段
③（含前一日）非水庫放水日

鹿児島県鹿児島市吉野町 9688-1

# 94

## スターバックスコーヒー 鹿児島仙巖園店

Starbucks Coffee Kagoshima-Sengan-en Store

**星巴克鹿兒島仙巖園店**

2017 年 3 月開幕的「星巴克鹿兒島仙巖園店」將百年以上歷史的有形文化資產，翻新打造成宛如美術館一般的空間。位於仙巖園旁，西式建築樓房搭配日本瓦等外觀，讓人不由得駐足欣賞。不僅如此，來此地的遊客也能在 2 樓小憩片刻，啜飲咖啡同時瞭望櫻島。

---

# 95

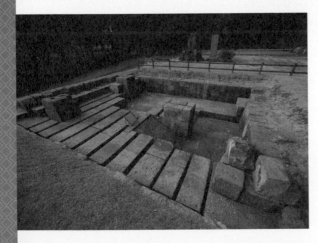

鹿児島県鹿児島市吉野町 9700-1

## 仙巖園

仙巖園

Sengan-en

▲ **注意事項**　入內酌收參觀費用

鹿児島県伊佐市大口曽木

# 96

## 曽木発電所遺構
## Ruin of Sogi Power Plant

**曾木發電廠遺跡**

每到枯水期5～9月，就能看到「曾木發電廠遺跡」的磚砌建物身影。據說這是日本化學工廠發源地。受到2021年（令和3年）豪雨影響，使得曾木第2發電廠遺跡的部分結構體坍塌。令人想起中世紀歐洲城堡遺跡的建築物浮出水面的模樣，和沉入水底的狀態，吸引遊客前來。

「仙巖園」原是1658年由薩摩（今為鹿兒島）藩主島津光久建造的別墅，代代傳承至今，且在2015年獲登錄為世界文化遺產。從庭園任一角落皆能遠眺鹿兒島的錦江灣和櫻島，而園內的竹林和曲水庭等景觀，也讓人感受日本風情。

# 97 溝ノ口洞穴
## Mizonokuchi Cave

鹿児島県曽於市財部町下財部 4907

溝之口洞穴

「溝之口洞穴」內殘留了繩文時代人們曾在此生活的痕跡。入口處有座看似被倒落樹木遮蔽的「岩穴觀音」。不同於巨大的入口，在踏入洞內的瞬間，眼前即是伸手不見五指的陰暗，若要走到距離洞口約 200 公尺的最深處，需使用手電筒。

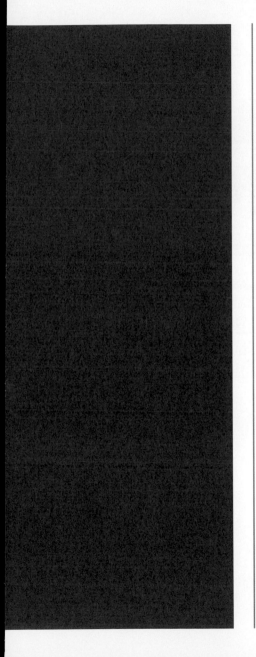

# 98

鹿児島県南九州市川辺町清水薬師ノ下

## 清水磨崖仏

Kiyomizumagaibutsu　清水磨崖佛

「磨崖佛」是位於萬之瀨川上游清水川右岸，刻在天然巨岩和岩壁上的佛像。在高20公尺、寬400公尺岩壁上，約有200個佛教相關字樣、圖樣和佛像，據說年代最久遠的是在平安時代後期完成，兼具高度歷史價值和佛教價值。

熊本 Kumamoto

地 址
ADDRESS 熊本県天草市河浦町﨑津 535

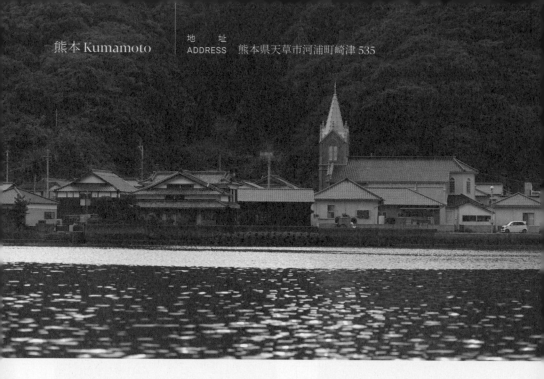

# 99 天草の﨑津集落
## Amakusa No Sakitsu Village

天草的﨑津聚落

「天草的﨑津聚落」是留存了「潛伏基督徒」故事的 4 個聚落之一。江戶時代的島原天草之亂（1638 年）後，江戶幕府啟動了壓制基督教的制度，包括檢查民眾信仰宗教的「宗門改」制度，以及要求民眾向寺院取得佛教信仰證明的「寺請」制度。在這樣嚴格禁止基督教的時代，潛伏基督徒佯裝成佛教徒卻仍持續堅守原有的信仰。在禁教期當時只能取道海路前往的﨑津聚落，潛伏基督徒將漁村特有的物品作為表達信仰的代用品，例如將鮑魚貝殼內的紋路當成是聖母瑪利亞。據說當居民前往 1651 年建立的﨑津諏訪神社參拜時，嘴裡念的是「阿門」。而這樣的生活一直延續到明治時代 1873 年禁教令解除為止。

今日「天草的﨑津聚落」約有 300 戶以上的信徒居住，氣氛寧靜祥和的島上，叫人無法想像禁教期的肅殺氣氛。島上的﨑津教堂有「海之天主堂」別名，是日本國內也罕見的榻榻米教堂。

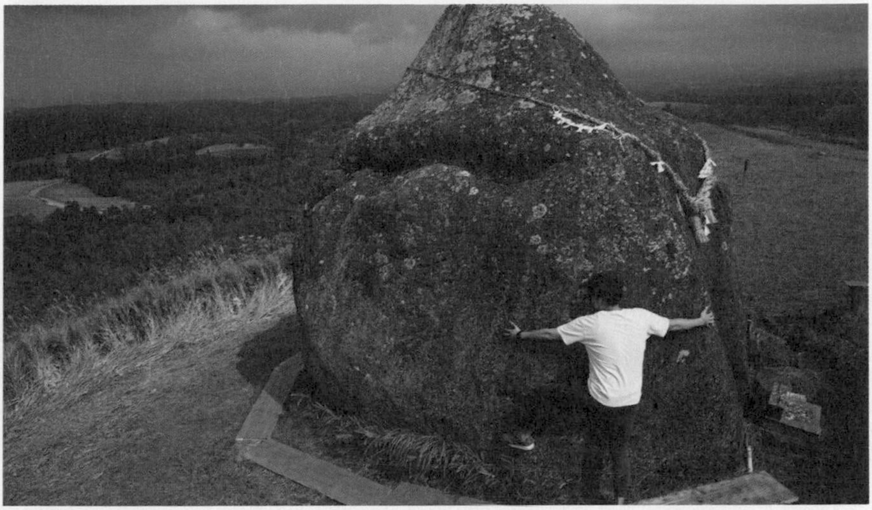

# 100 押戸石の丘

## Hill Of Oshito Stone

押戸石之丘

散布在「押戸石之丘」上，約 300 顆大大小小的石頭散發的磁力，會讓指南針不斷轉圈。高約 5 公尺的金字塔型巨岩，據傳是眾鬼夜夜拿在手上把玩的石頭。另有一說是石頭上刻著蘇美人使用的最古老楔形文字（岩刻 * ）。諸如此類的現象顯示，這是用現代技術也無法說明的事物匯集的神祕之丘。這座只有懂門道的人才熟知的山丘，也是電影《進擊的巨人》取景地。建議在造訪阿蘇山一帶時，到此一遊吸取能量。除此之外，切莫錯過形成阿蘇「破火山口」的巨大噴發造成的火山碎屑台地、山並高速公路的落日風景、整片白背芒等讓人屏息的景觀。

**▲ 注意事項**　入內酌收參觀費用

**豆知識**

**何謂岩刻？**

約 4,000 年前遭流放至美索不達米亞之外的蘇美民族，在蘇美民族移居到環太平洋、環大西洋後，在石頭上雕刻文字、圖樣，且向石頭祈禱。

# 日本一の石段 3,333 段（釈迦院）
# The Best Stone 3,333 Steps in Japan ( Shakain ) 101

**日本第一石階 3,333 階（釋迦院）**

熊本縣民熟悉的美里町「日本第一石階」，階數超過山形縣羽黑山的 2,446 階，竟有 3,333 階。為了方便讀者瞭解，以讀者熟悉的建築物舉例，像是東京鐵塔（600 階）、台北 101（2,046 階）、東京晴空塔（2,523 階），如此一來也不難想像日本第一石階的階數有多麼驚人。這次我挑戰了這座石階。

日本第一石階其實是「釋迦院御坂遊步道」，也就是有西邊高野山之稱，擁有 1,200 年歷史的「釋迦院＊」參拜步道。石階是在昭和 63 年（1985 年）完成，除了日本各地的名石外，還用了來自世界

各國的石材，蘊含著國際親善和串聯友誼的意味。遊客拾階而上的同時，也能細數刻在石階上的各類紀錄。我按著自己的腳程，中途停下休息喘口氣再繼續往上爬，約1個半小時總算走完兩旁有高聳樹木環繞的石階。我平常就在爬山，但仍能理解為何不少人中途放棄或是腳痛，登上這座石階對腳部的負擔確實不小，只是來到頂端便能眺望九州山脈，這樣的成就感也是日本第一！

## 豆知識

**關於釋迦院**

位在熊本縣八代市的天台宗寺院，也有「壽終正寢寺」之稱。據說信仰釋迦院的信徒能無病無災享盡天年，因而有「壽終正寢寺」之名。釋迦院內收藏了熊本縣指定文化資產的木造男女神坐像和銅造釋迦如來立像。來到這裡，也別忘了去敲樓門 2 樓的「開運之鐘」（1人 100 日圓）。

# 102

熊本県荒尾市原万田 200-2

## 万田坑ステーション
Mandakostation

萬田坑

「萬田坑」是從明治時代至昭和初期生產優質煤炭，支撐日本近代化發展的三井三池煤礦的坑口之一。在平成 27 年（2015 年）列入「明治時代日本工業革命遺產」，獲登錄為世界文化遺產。第二豎井井架、祭祀山神的設施等眾多硬體建設獲得保存，向世人傳達當時優異的煤礦開採技術。這裡的工作人員非常仔細解說設施內的歷史和故事的態度，也非常令人激賞。

▲ **注意事項**　入內酌收參觀費用

熊本県阿蘇郡小国町黒渕

# 103

## 鍋ヶ滝
## Nabegataki Falls

鍋瀑瀑布

「鍋瀑公園」內的瀑布，是約在 9 萬年前形成阿蘇「破火山口」的大規模噴發造成。遊客可走進瀑布下水池的後方，欣賞高低落差約 10 公尺的瀑布形成的水簾，就近感受瀑布飛濺水花產生的負離子。

---

▲ **注意事項**　入內酌收參觀費用．必須預約。

# 104

熊本県宇城市三角町三角浦

## 三角西港
## Misumi West Port

「三角西港」是在 1887 年基於明治政府推動國家近代化的政策，由荷蘭水力工程師設計興建。長約 750 公尺的石砌碼頭和西式建築等設施均完整保存至今，是日本國內唯一現存明治時代硬體建設的港口。於 2015 年，列入「明治時代日本工業革命遺產」獲登錄為世界文化遺產。

熊本県阿蘇市乙姫

# 105

## 米塚
Komezuka

阿蘇山的米塚在 2018 年榮登日本經濟新聞的「白背芒知名景點排行榜」冠軍寶座。一望無際的銀色白背芒和綠色三角形火山「米塚」，是阿蘇地區的知名景觀。秋天可說是造訪米塚的最佳季節。

# 106 虹の松原 Niji No Matsubara Pine Grove

虹之松原

「虹之松原 *」是植於佐賀縣唐津灣沿岸，數量約 100 萬棵的松樹林。這是 17 世紀初期第一代唐津藩主寺澤廣高為了防風、防潮，選在海岸線沙丘上栽種的黑松樹。虹之松原是日本三大松原（松樹林）之一（其餘兩座分別位於岡縣三保松原、福井縣氣比松原），同時也是當中面積最為廣闊的松樹林。全長綿延約 4 公里的唐津市虹之松原，也是存在種種傳說的知名景點。造訪此地，除了駕車通過虹之松原內的縣道，享受宛如馳騁在「松樹隧道」裡的兜風樂趣外，也能沿著海岸漫步，體驗森林浴並欣賞白沙和蓊鬱蒼松構築而成的壯麗景觀。

**豆知識**

唐津市虹之松原傳說（節錄）

① 「一整年都聽不到蟬鳴聲」：豐臣秀吉通過松原時，覺得蟬鳴聲太大而怒斥「吵雜」後，此處便再也聽不到蟬聲的傳說。

② 「怒瞪之松」：豐臣秀吉通過松原時，因松樹高聳妨礙眺望視野，而怒瞪松樹令其「縮矮」後，松樹便不再往上生長的傳說。

③ 「蛇不靠近的松原」：虹之松原從以前就沒有蛇出沒，是因為濱崎的諏訪神社供奉的諏訪公主許願所致的傳說。

40
347
速度注意

地　址
ADDRESS　佐賀県唐津市鎮西町波戸 1628-1

# 玄海海中展望塔
## Genkai Observation Tower

107

在「玄海海中展望塔」初次體驗不在水族館，卻能欣賞悠游自然大海中的魚。

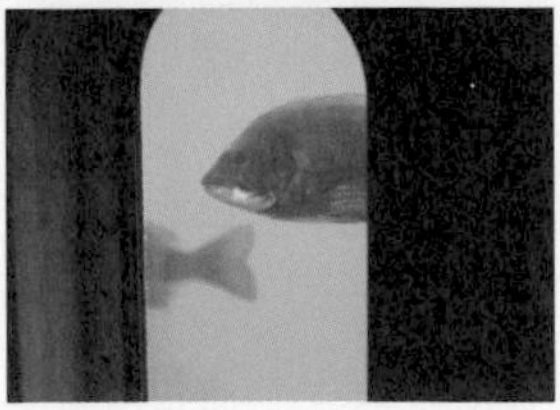

佐賀縣北部的波戶岬有日本首座海中公園「玄海海中公園」（現名為玄海海域公園）。1974年（昭和49年）啟用的玄海海中展望塔，是日本海唯一一座海底展望塔。走過連結波戶岬陸地和海中展望塔的棧橋，再從塔內的螺旋階梯拾級而下，只花數分鐘便來到海裡。波戶岬一帶的海有暖流和寒流匯集，因此也能欣賞到美麗的熱帶魚。從觀景窗看到的魚種類繁多，前來參觀的小朋友們還跟著顏色鮮明的小魚游動方向移動。冬天的魚量減少，同時海水在風吹雨淋的影響之下似乎較為混濁，建議在海水透明度相對較穩定的秋季前來。陽光穿透海水，照進水深7公尺之處，為數眾多的魚兒順著波浪游動的光景，令人難忘。

**注意事項**　入內酌收參觀費用

佐賀 Saga | 地址 ADDRESS 佐賀県武雄市武雄町武雄 5337

# 108 武雄の大楠
## Takeo's Okusu Tree

武雄大楠

佐賀縣武雄市境內最古老的神社「武雄神社」，和推定樹齡約 3,000 年以上的神木 *「武雄大楠」，歷經漫長歲月將其歷史和故事傳承至未來，展現了歷久彌堅的存在感。從武雄神社本殿順著四周環繞竹林的小路前進，便能看見凜立於森林中，樹高 30 公尺、樹圍 20 公尺、枝椏延伸範圍東西寬達 30 公尺、南北長約 33 公尺的恢宏神木。雖然只能隔著圍籬欣賞，但仍在我腦海中留下深刻印象。視線隨著延伸至樹根下方空洞內部的階梯望去，會看到洞內供奉著天神。我透過旅行和登山拍攝、記錄了無數的樹木，但當「武雄大楠」映入眼簾時，無疑帶給我前所未有的深切感動。

**豆知識**

佐賀縣內前三大神木

① 川古大楠：武雄市若木町大字川古 7843
② 武雄大楠：佐賀縣武雄市武雄町武雄 5337
③ 塚崎大楠：武雄市武雄町大字武雄 5563-2 文化會館北側

# 109

佐賀県藤津郡太良町多良 1875-51

## 大魚神社の海中鳥居と付近の景観

## Sea Torii of Ohuo Shrine and Landscape Around the Shrine

**大魚神社的海中鳥居及周邊景觀**

佐賀縣太良町緊鄰日本潮差最大的有明海，而有「看得見月球引力的小鎮」稱號。來到這裡，不只能欣賞「大魚神社的海中鳥居」在漲退潮時分呈現不同樣貌的奇景，也可一睹位於海中鳥居附近，從事海苔養殖的漁民使用道路在漲潮時沒入海面，而整排電線桿相連浮在海上的景觀。附帶一提，在漁民拆除海苔養殖架期間，一般民眾無法進入海中鳥居一帶，建議在造訪前至太良町觀光協會網站確認，以免敗興而歸。

# 110

佐賀県武雄市武雄町大字武雄 4100

## 御船山楽園

## Mifune Rakuen

**御船山樂園**

一到春天，2,000 棵櫻花樹和數萬朵杜鵑花陸續綻放，入秋後樹齡 170 年的大楲樹老樹迎來紅葉盛期，吸引人潮湧入的「御船山樂園」，據說原是江戶時代後期身為武雄（現為武雄市）第 28 任領主的鍋島茂義，為興建別墅費時約 3 年打造的庭園。在夏季造訪御船山樂園，還能欣賞活躍於全球的藝術團隊「teamLab」運用尖端科技打造的數位藝術。

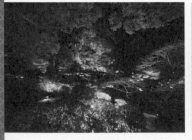

佐賀県唐津市屋形石

# 111

## 七ツ釜

七釜

Nanatsugama

位於玄海國定公園區域內的「七釜」，是由玄海浪潮侵蝕形成的 7 座海蝕洞，已獲指定為國家天然紀念物。遊客若要就近欣賞大自然鬼斧神工之美，可從呼子港搭乘海洋之友呼子觀光船（採事前預約制、需付費），深入洞穴內部，一睹七釜的壯麗和令人驚嘆之處。除此之外，七釜的上方有草原和通往展望台的遊憩步道，遊客在此不僅能飽覽玄海海景，也可從俯瞰視角感受洶湧波濤拍擊岩壁的震撼。

地　址
ADDRESS　長崎県西海市中浦北郷 2541-1

# 112 七ツ釜鍾乳洞 Nanatsugama Cave

七釜鐘乳石洞

來到獲指定為國家天然紀念物的「七釜鐘乳石洞」，便能進入充滿神祕和驚奇，一般未曾見的地底世界探險。這座全長約 1,600 公尺以上（觀光洞穴長約 320 公尺）的鐘乳石洞，約在 3,000 萬年前形成。即便距今如此久遠，但因日本國內的鐘乳石洞多數是在約 1 億年前形成，使得七釜鐘乳石洞被分類為較新生成的鐘乳石洞。洞內各處岩石天然造形優美，給人一種猶如身在博物館欣賞藝術品的感覺。當中的「親子地藏」的形狀精細，難以置信這是偶然形成，吸引我在此駐足觀察。即使是洞內禁止進入的區域，遊客也可選擇在專業嚮導的陪同下，進行地底探險之旅（需預約）。不妨前來這座可選擇參觀方式的七釜鐘乳石洞，懷抱冒險精神試著挑戰吧。

**⚠ 注意事項**　入內酌收參觀費用

長崎 Nagasaki

地址 ADDRESS 長崎県佐世保市下船越町 399

# 展海峰 Tenkaiho

113

日文表示數量眾多時使用的「九十九」一詞，也是出現在日本各地的地名、神話和植物等處的字彙。位於西海國立公園區域內的「九十九島」，指的是羅列在長崎縣佐世保港外到平戶、瀨戶之間海域的208座群島。本文將介紹可一眼望盡周圍星羅棋布島嶼的「展海峰」展望台。

九十九島是熱門觀光景點，因分布範圍廣所以重點在於「要從哪個地點眺望島嶼？」「展海峰」展望台除了交通方式、瞭望視野佳等特色外，還有隨季節變換風貌的花海景色（3月～4月：15萬株油菜花、10月上旬～中旬：15萬朵波斯菊），也是其魅力所在。尤其是日落時分，在染成暗紅色的天空作為背景襯托下浮現的大小島嶼剪影，無疑是打動人心的美景。

# 114

長崎県雲仙市小浜町雲仙 320

## 雲仙地獄・お糸地獄
Unzen Jigoku · Oito Jigoku

雲仙地獄・御絲地獄

「御絲地獄」是長崎縣雲仙市「雲仙地獄」的知名觀光景點。御絲地獄旁的雲仙地獄茶屋販售此處名產──用地熱蒸氣加熱的溫泉蛋。據說吃1顆雲仙地獄的溫泉蛋能延長壽命1年、吃2顆則可增壽2年，倘若吃上3顆便能長命百歲。

# 115

長崎県佐世保市船越町 190

## 佐世保バーガー本店 バーガーミュージアム
Sasebo Burger - Headquarters Burger Museum

佐世保漢堡本店－漢堡博物館

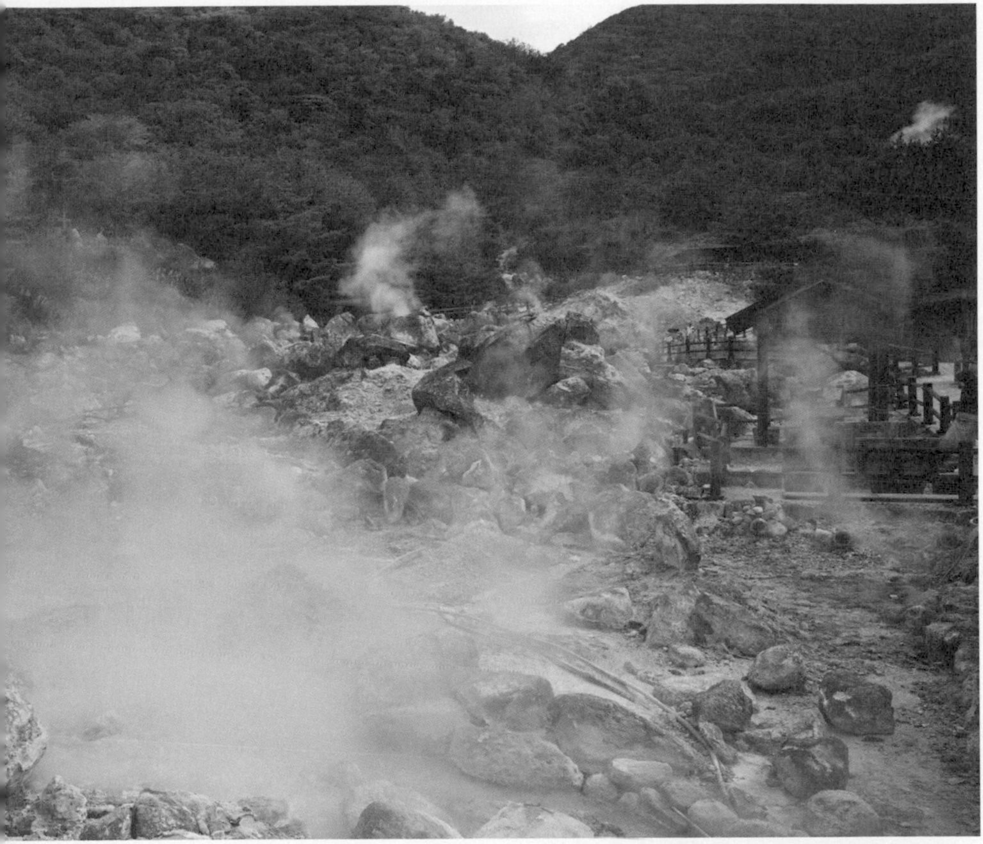

「佐世保漢堡」是長崎縣佐世保市的知名在地美食。舉凡佐世保當地供應的現做手工漢堡，皆可名為佐世保漢堡。據傳這是從1950年左右，駐紮佐世保海軍基地的美國軍人傳授漢堡配方給當地居民而開始。現在，日本各地也有不少標榜販售佐世保漢堡的餐廳，顯見佐世保漢堡已是聞名日本的美食。這家「漢堡博物館（佐世保漢堡總店）」位在坐擁九十九島美景的地點，遊客可一邊享用美味漢堡，同時眺望壯闊海景。

R Y U K Y U

# 西の琉球

K I N G D O M

海島絕景 10 選

ISLANDS OF WONDER · THE BEST 10 OF OKINAWA

120
119
122
123
125
124

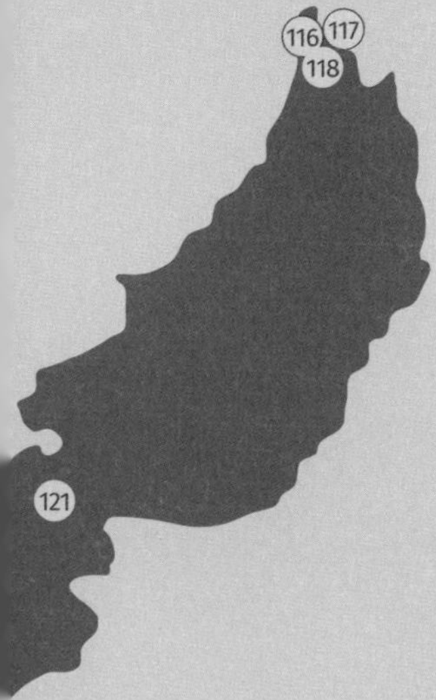


# OKINAWA REGION

# 沖縄

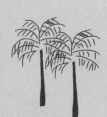

INDEX **NO.116-NO.125**

UKIHASHI

# 國頭村地方的祕境與神話

位於沖繩本島最北處的國頭村，84%的面積都覆蓋著豐美的亞熱帶闊葉樹林，保留古樸原色的沖繩魅力。北部被稱為山原（沖繩方言），眾所周知，山原也是天然紀念物「山原秧雞*」等珍貴動植物的家。以沖繩本島的最高峰與那霸岳（標高503公尺）為自古以來傳說中的聖地，包括周圍一帶的山岳和國頭村，流傳著許多祕境與神話。冬天時也可以觀賞到鯨魚的「邊戶岬」以及國定歷史古蹟「宇佐濱遺跡」等等景點，探尋美麗沖繩、琉球的第一步，就從國頭村開始吧。

**豆知識**

**何謂山原秧雞？**

只棲息在琉球山原的鳥類，成鳥全長約35公分，不會飛行。有紅色的鳥喙與鳥爪，翅膀短而圓為其特徵，至今沒有觀察到飛行的姿態。1981年，在沖繩北部國頭村的森林中第一次被發現後，一躍而成話題。然而個體數量很少，遭到路殺、被鼬鼠捕獵等等原因，生存空間縮減，現在成了瀕臨絕種的動物。

沖縄県国頭郡国頭村宜名真 1241

# 116

## 大石林山
Daisekirinzan

▲ **注意事項** 入內酌收參觀費用

大石林山擁有超過 40 個「御願所」（或寫成「拜所」，沖繩方言中的祭拜處），這一帶是沖繩本島北部受民眾信仰最深的地方之一。2 億 5,000 萬年前的石灰岩經過漫長的歲月形成了熱帶石灰岩風景，正如同「岩石古城」。石灰岩台地上一個個像石碑似的，也像小小的尖塔，大石林山中，最大的石灰岩塔約有 10 公尺高。

現在，想要在大石林山漫步，可從入口處搭乘巡迴巴士（需付費），分為 4 條參觀路線：巨岩及石林感動行程、海之美展望台行程、銀髮族行程、亞熱帶自然林行程。其中亞熱帶自然林的歸途一定會經過一株堂堂聳立的「御願」大榕樹（御願是沖繩方言中祈禱參拜的意思），傳說中御願大榕樹上棲息著沖繩特有的妖精「奇躓木那」，大榕樹彷彿山神一般威武，氣根深入大地，到訪者都能實際以身體感到祂的靈氣。

HEDO MISAKI

# 辺　戸　岬

邊戶岬

熱門景點「邊戶岬」位於本島最北端的「山原國立公園」中，美麗的沖繩島上，崇拜著自然的神明，這個岬岸同樣也自古守望著人民。每日承受著太平洋與東海的侵襲，隆起的珊瑚礁所形成的斷崖絕壁上，日夜不斷有豪快的碎浪噴湧飛舞著。天氣好的時候可以看到鹿兒島縣的與論島、沖永良部島。附近則有以山原秧雞為模型的巨大的展望台，從這裡觀察遠方也很受歡迎。有許多當地的居民會前來此處看日出。從邊戶岬往陸地方向眺望，就能一望無遺地看到 4 個突出的山峰。從北到南依序為「伊黑亞 IHEYA」、「集扎拉 CHIZARA（SHICHIYARA 嶽）」，接下來的頁面會接著介紹的是「安須森御嶽」，以及「西宜野久瀨嶽」。根據記載沖繩王朝時代事跡的「遺老傳説」，「往昔某夜，國頭群邊戶村的北方有星星墜入地面，形成一個凹洞。人們稱為星窪。」聽說地點就在山原展望台附近。大正時代，本地居民來此耕作種稻等等，非常珍視此地。邊戶岬停車場的 2 樓「星窪咖啡」就是根據這個傳說命名的。

沖縄県国頭郡国頭村辺戸 973-5 2F

# 117

## 辺戸岬・ふしくぶカフェ

Hedo Misaki・Fushikubu Cafe

邊戶岬・星窪咖啡

造訪邊戶岬，就一定要去沖繩最北端的「星窪咖啡」！店內有展望台等級的美麗視野，料理又很美味、我超喜歡吃的是本格派綠咖哩，根本是美味與辛辣的 combo。親切的工作人員們說：「好運的話、冬天可以在這裡看到鯨魚親子共游的情景喔。山原秧雞也是比較常在這裡出現呢。」這裡有沖繩酸桔等等、很有在地風味的飲料吧，享受飲品的同時，眺望著大海原，休憩時間也是心滿意足地度過！

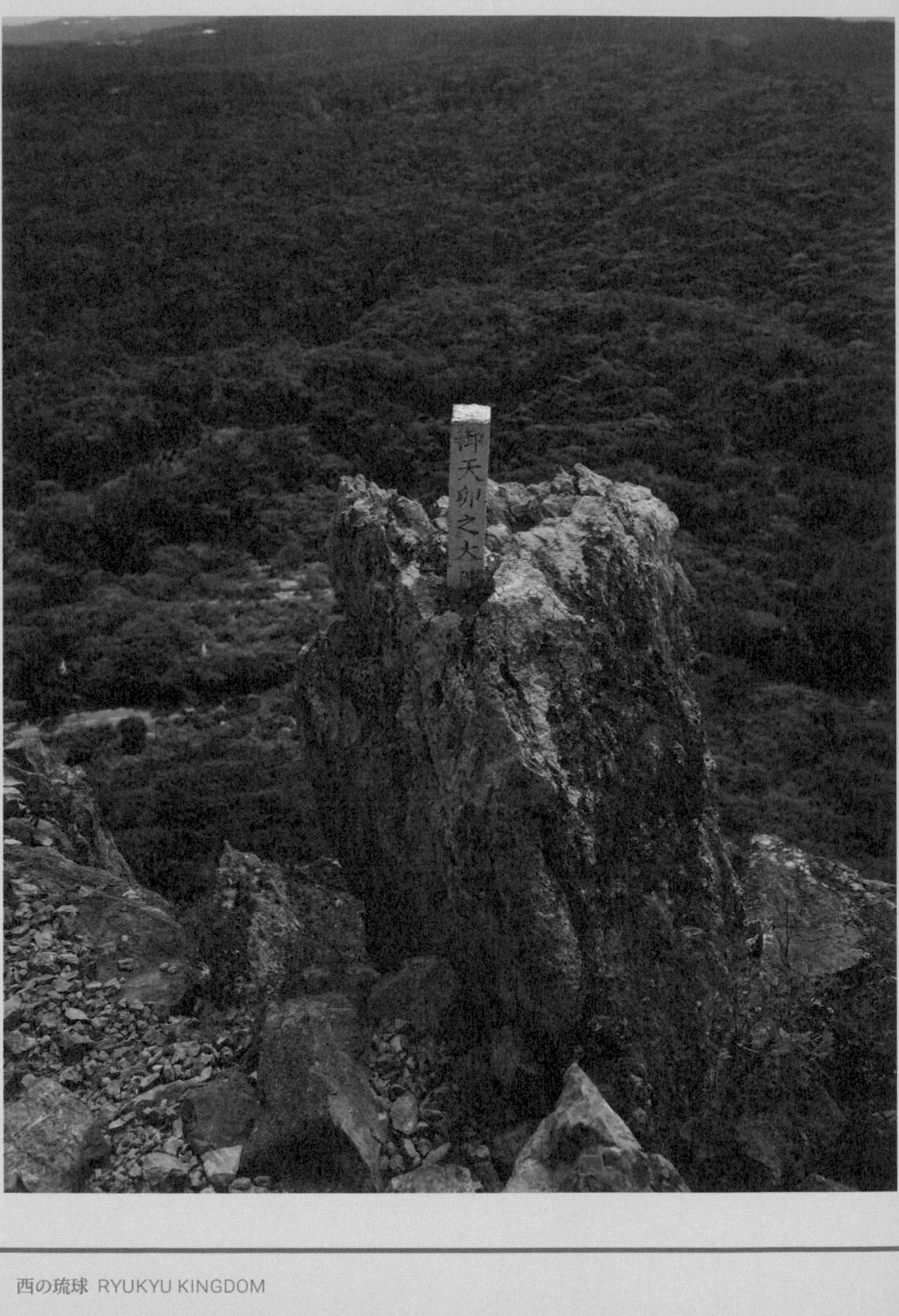
御天卯之大

# 118 安須森御嶽
## Ashimuri Utaki

沖縄県国頭郡国頭村辺戸

安須森御嶽傳說是琉球開天闢地的「七御嶽＊」之一。也是「琉球始祖阿摩美久」第一次降臨之處，正所謂天孫降臨之地。阿摩美久在沖繩創造了9個聖地、7座叢林（御嶽），這些地方直到現代也被視為重要的場所守護著。可惜的是，安須森御嶽並不能當作觀光景點來介紹，甚至連詳細的入山方法都無法記載，與國頭村同為沖繩最崇高的聖地，只能將在地聽說的神話記錄下來。

在琉球神話中出現的靈山「邊戶岳」中，安須森御嶽是個正式的拜所，山腹的黃金洞祭祀的是，曾與阿摩美久一起乘坐在石頭上、渡海而來的神明「伊比嘎那西」，在此可以祈求子孫繁榮、無病無災、航海安全、安產等等，聽說是能賜與信徒各種幫助的場所。類似的神話在「久高島」也有。七御嶽之一的「伏波御嶽」記載著琉球先祖的遙遠記憶，彷彿全部相繫在一起。不管經過多少時間，這座島的傳說也會繼續流傳。

### 豆知識

**何謂御嶽？**
琉球神道教進行祭祀等活動的地方。在沖繩、琉球和鹿兒島縣的奄美諸島上，御嶽等同於日本本土的聖地，如神社。也可稱為「叢林」或「大神」，現代一般都稱呼為「御嶽」。

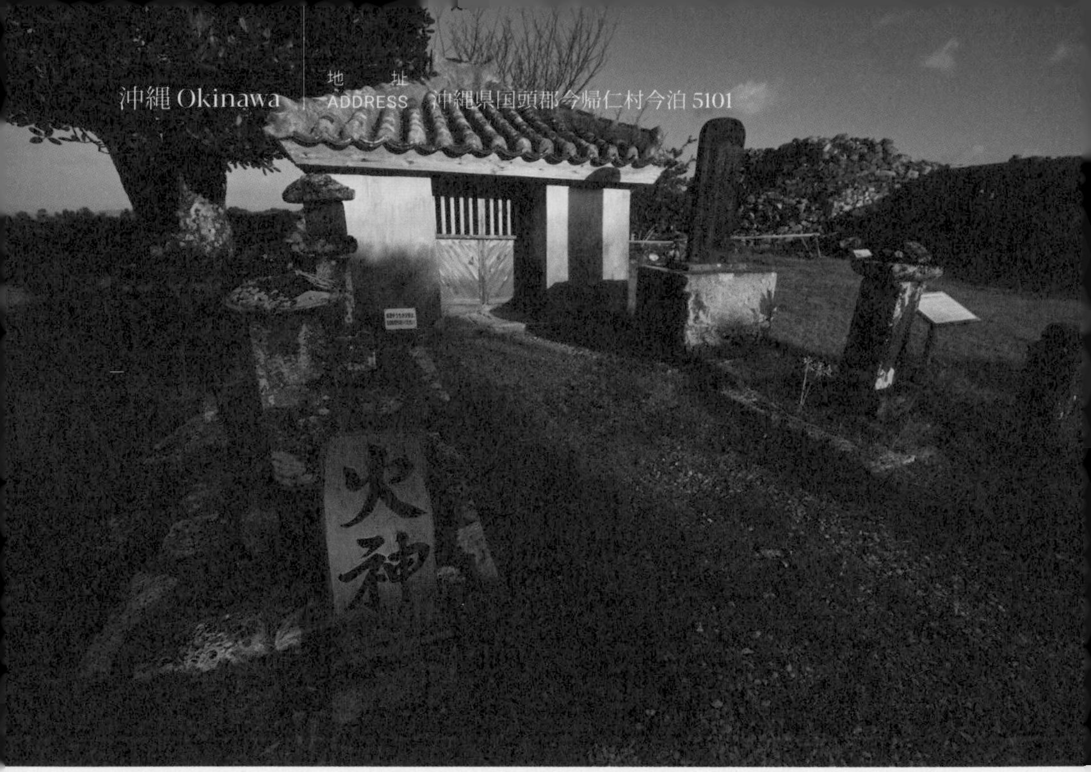


# 119 今帰仁城跡

今歸仁城跡

## Nakijin Castle

城內面積能與首里城匹敵的世界遺產「今歸仁城」。琉球王國建國之前，約為西元1400年前後，琉球由北山、中山、南山三大勢力分占，此為人稱「三山時代」的戰國時期，三山各自擁王分立，今歸仁城的城主是北方的霸者北山王，從本島北部起，遠至奄美地方為止，被視為本島北部無邊山巒般的王者。

今歸仁城的地盤裡面，採用古生代石灰岩的堅硬大石。由於是太古之石，上頭常可見到菊石等化石。採用了石頭自然的外形堆疊而成，這種最古的建築技法稱為「野

**⚠ 注意事項**　需付費參觀

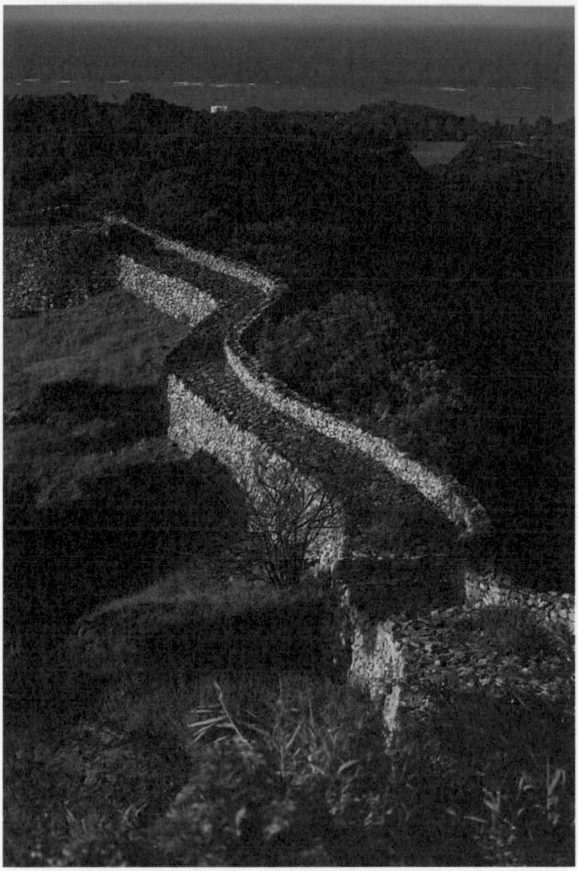

面層疊」，特徵之一是每一道牆都宛如波浪般有漂亮的曲線。映照著能將城＊內、城壁一覽無遺的「城跡御内原」、以及祭祀火神的「今歸仁里主所火之神」等處，景觀優美。此地至今彷彿傳唱著英雄、北山王傳說，擁有絶景遺跡，並且使用比日本城還古老300年以上的石頭所築成的城壁，占有觀光上壓倒性的優勢。

**豆知識**

**何謂「城」？**

這裡的「城」跟日本本土戰國時代的日本城不同，日本城只是戰爭防守用的建築物，琉球諸島、奄美群島的城卻也用來祭祀神明以及祈禱。隨著各個時代、不同地域的稱呼方法也各自不同。明治時代以前，琉球王國是個獨立的國家，因此有自身獨特的文化，琉球的城與九州以北的日本城發展成兩種完全不同的體系。

地址 ADDRESS 沖縄県国頭郡本部町備瀬389

# 120

## 備瀬のフクギ並木
## Bise No Fukuginamiki

備瀨福木林道

沖繩美麗海水族館鄰近的拍攝景點「備瀨福木林道」。福木常見於日本沖繩的奄美諸島、台灣、菲律賓等亞洲國家，四季常綠。在備瀨的海岸線沿岸，由樹齡300年以上的福木形成綠色隧道，夾道廣植。陽光從福木的枝葉篩下，在枝葉茂密的樹蔭下散步（單程約20分鐘），不論從何處取景都很上鏡，也很適合拍結婚照。漢字

寫成「福木」，能招來幸福，也是這種樹討人喜歡的一大原因。樹幹筆直地生長、綠葉密集，能形成「樹牆」。因此能成為防風林、防潮林，沖繩多颱風，福木在海岸能守護居民。奄美諸島所稱的「樹牆」還有「防火樹」的功效，方言中稱為「瓜吉八奇」，一般相信樹木可以隔開火勢，防止延燒。請盡情在這享受森林浴、伊江島的夕陽以及沖繩自然的風景吧。

沖縄県国頭郡大宜味村津波 1570-1

# 121

## タ一滝
## Ta-taki Waterfall

平南川大瀑布

百分之百讓你「濕身」的「平南川大瀑布」。隱身在山原的森林環繞中，往平南川上游涉水步行約 30 分鐘左右（1.3 公里），就可以找到這個痛快又「大港」的瀑布。大宜味村不只有瀑布，還有各種亞熱帶特有的植物、可沐浴在天然負離子的自然環境中。前往此處，要注意氣象廳所發布的雷雨特報消息，若是天氣不佳或有河水上漲的危險，平南川大瀑布停車場就會關閉。這裡的地址就是離平南川大瀑布最近的一個付費停車場。

# 122

沖縄県うるま市
与那城宮城 2768

## 果報バンダ

果報崖

Kafu Banda

從果報崖眺望大海，可看見從藍色到翡翠綠的鮮明漸層。沖繩方言中「崖」被稱為「棒達」。從這裡看到的沙灘又稱為「努記之濱」，滿月之夜，海龜會上岸來這裡產卵，沖繩方言的努記意為「生命」，這裡果然是孕育生命的沙灘啊。

▲ **注意事項**　入內酌收參觀費用

# 123

沖縄県南城市知念久手堅 270-1

## 斎場御嶽

齋場御嶽

Saijou Utaki

齋場御嶽是琉球王朝時期，舉行國家祭典的聖地。2000 年，琉球王國城以其關聯遺產群，一起被登入聯合國世界文化遺產的同一個項目，齋場御嶽現在仍是島民的信仰中心，也仍然舉行祭典，每天都有人來此參拜。沖繩人認為「御嶽」跟家是一樣的。入場前要儘量把姓名、故鄉、現居地址講出來，因為名代表自己，姓代表祖先，在沖繩，似乎只要合起掌自我介紹，就能跟先祖溝通了。

地 址
ADDRESS 沖縄県糸満市摩文仁 444

# 124 平和祈念公園 Memorial Peace Park

和平紀念公園

位於沖繩本島南部糸滿市摩文仁的「和平紀念公園」，是沖繩戰爭的「終戰之地」。廣大的公園內，設有國立沖繩戰歿者墓園，以及各都道府縣的慰靈塔、慰靈碑，作為崇尚和平的象徵，日日清掃，竭力歡迎世界各地遊客前來拜訪。1995 年紀念沖繩終戰 50 週年建立的「和平之礎」，不分國籍也不分軍民，將沖繩戰中所有死者的姓名都刻在上面，借此安慰戰爭犧牲者的亡靈。沖繩人若是因為忙碌、沒有時間前來和平紀念公園，也會從飛機場等地向這個方向祈禱。四面環繞美麗的大海、懷抱豐盛的山巒與傳統文化，正因是如此美好的沖繩，更不該遺忘這段歷史。

地址 ADDRESS 沖縄県島尻郡八重瀬町富盛 22

# 125

## 富盛の石彫大獅子

## Tomori Stone Lion

富盛石雕大獅子

根據記載，這是尚貞王21年（西元1689）年設置的，全沖繩最古老的沖繩獅子元祖「富盛西沙」，高 141.2 公分、全長 175.8 公分，身上留有彈痕，別稱富盛石雕大獅子，從和平紀念公園開車約 3 分鐘能抵達，位於八重瀨町富盛。屹立 3 百多年、被視為火山八重瀨岳的防火鎮邪物，也是各家村落中最大最古老的石獅子。

# 『沖縄戦』の記憶と記録

## 「沖繩戰」的記憶與紀錄

身為日本人，與其逃避，不如好好正視這場絕不能重蹈覆轍的「沖繩戰」。沖繩戰發生在第二次世界大戰末期，1945 年的 3 到 6 月間，這 3 個月內，在沖繩和沖繩週邊諸島上發生了日本、美國與聯合國部隊的戰爭。日本歷史上根本沒有發生過這樣悲慘的戰事，跟我同世代（平成元年）的人看來，這是祖父、祖母世代的遭遇，對令和世代的人來說，也絕對算不上久遠之事。

1941 年，日本攻擊珍珠港，引發太平洋戰爭，1945 年美國與聯合國部隊在日本西南諸島登陸，從此啟動了沖繩的地面戰。日本方面，包含一般民眾約 11 萬人，而聯合國方面約動員了 54 萬人的戰鬥，結果犧牲了大量的人命，雙方死者加起來超過了 20 萬人，其中九成是日本方面的死亡者與失蹤者。

明知戰力懸殊，日本軍的目的卻是「爭取本土決戰的準備時間」，包括特攻機等戰機不斷地嘗試大規模地反擊，發起「大和戰艦」等海上的特殊攻擊，即使如此，日方的大和戰艦遭到空襲後被擊沉，毫無戰績就折損了。沖繩本島上的日本軍雖想採取持久戰，卻被逼到絕境。

在沖繩的地面戰中，日本政府根據《國民徵用令》、《國民勤勞報國協力令》等法律，在沖繩當地強制徵用當地的居民參戰，不分男女、年齡，老人、兒童也被徵召，名義上是說自主參與後方的實質任務來支持軍隊。最終的結果卻是 14 歲以上的女學生被當作軍隊內的看護婦，組成了「姬百合學徒隊」等組織，被政府動員後，成了戰鬥人員。

沖繩的軍事司令部全滅當天是「6月23日」，沖繩戰宣告結束。太平洋戰爭最後的幾個月之間，一般居民陸續集體自殺。「沖繩戰集體自殺」這樣殘酷的悲劇連續發生。正式解除武裝期間，現場仍然如同戰爭狀態，雖有很大的原因來自於一般民眾對戰爭事態的不了解（9月2日日本才正式傳來投降文件），但同時也說明了沖繩戰時的慘況。沖繩戰雖然早已落幕，然而和平紀念公園將祖父輩、祖母輩想傳遞給我們的「聲音」留下了，與我們這一代人的意念相通、緊緊相繫。

「緣沖繩縣民，斯戰終焉，縣民後世特享御高配賜之事」，眾所周知，這是沖繩方面的海軍大田實少將發出的電報，意思是：「靠著沖繩縣民，才結束了這場戰爭，未來請特別對待、珍視沖繩縣民。」

S H R I N E · K A

# 西の神社

M I Y A S H I R O

神社絶景 15 選

PLACES WHERE GODS LIVE · THE BEST 15 SHRINES OF WESTERN JAPAN

TOTTORI
鳥取県
137
SHIMANE
島根県
130
OKAYAMA
岡山県
131
HIROSHIMA
広島県
134
YAMAGUCHI
山口県
KAGAWA
香川県
128
TOKUSHIMA
徳島県
132
EHIME
愛媛県
KOCHI
高知県
FUKUOKA
福岡県
SAGA
佐賀県
139
OITA
大分県
NAGASAKI
長崎県
140
KUMAMOTO
熊本県
133
MIYAZAKI
宮崎県
127
126
KAGOSHIMA
鹿児島県
129

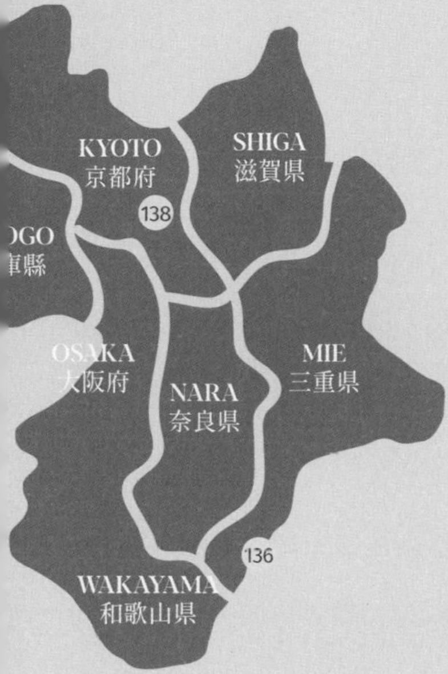


GODS' REGION

# 神社

INDEX **NO.126-NO.140**

## 神的居所 | Gods' Region

**126** 鵜戶神宮 Udo Jingu
**127** 波切神社 Nakirijinja Shrine
**128** 高屋神社 Takaya Shrine
**129** 黒神埋没鳥居 Kurokami Buried Shrine Gate
**130** 衣毘須神社 Ebisu Shrine
**131** 吉備津神社 Kibitsu Shrine
**132** 轟神社 Todoroki Shrine
**133** 上色見熊野座神社
Kamishikimi Kumanoimasu Shrine
**134** 元乃隅神社 Motonosumi Inari Shrine
**135** 日御碕神社・經島
Hinomisaki Shrine・Fumishima
**136** 花窟神社 Hananoiwaya Shrine
**137** 城上神社（石見銀山）
Kigami Shrine（Iwami Ginzan）
**138** 大岩神社 Oiwa Shrine
**139** 祐德稻荷神社 Yūtoku Inari Shrine
**140** 山王神社・一本柱鳥居
Sannou Shrine・Single Pillar Gateway

# 關於神社

**長知識❶**

神社多半以祭祀的神明來命名，以下分別說明神社、大社、神宮三者的不同。

◆**神社**：祭祀的是日本自古以來的神。

◆**大社**：原本只有島根縣的出雲大社才以「大社」為名，而且在所有神社中，占有一定的歷史地位，然而19世紀以後，以奈良縣的春日大社為首，用「大社」為名的神社陸續增加。

◆**神宮**：神宮祭拜的是天皇的祖先，祭祀著日本人最尊敬的天照大御神，如三重的伊勢神宮等，將「皇族的祖先」、「皇族」神格化、進而祭祀的神社就是神宮。

神社是奠基在日本固有信仰「神道教」的祭祀場所。祭祀著八百萬（意指非常多、無限多的）神明。因此、日本人有各式各樣前往神社的理由，並不只是去拜拜而已。即使不是神道教的信徒，為了新年的初詣、結婚等事，仍會前往神社，我自己也會為了「祈求考試合格」、「感謝大自然」等等原因前往神社。人人都能自由選擇信仰，也都為了考試合格、生意繁盛等不同的原因，去祈求不同的神明幫忙，所以說，神社聚集著懷有各種願望的人。日本全國約有85,000 所神社，神社也是日本文化的一大特色。

長知識❷

## 「神社」與「寺廟」的不同

乍看之下，外觀類似，兩者卻大不相同。日本的神明所在的神社是「神道教」，供奉佛像、和尚居住的寺廟是「佛教」。

【神道教】源自日本的宗教，屬於多神信仰。山、森林、石頭、神木之類，或自然現象、特定的人物等等，都可能成為信仰的對象。

【佛教】從海外傳入日本的外來文化、外來宗教。特徵是會供奉佛像、修建墳墓。

大多數的日本人對神道教與佛教的態度差不多。每年正月期間前往神社參拜，葬禮卻採用佛教的方式舉行。也同樣過萬聖節、聖誕節等等，對異國的宗教、文化毫不排斥，自然地接受融入，這也是日本文化的特性。很多日本人對於海外人士所提出的「你有信仰嗎？」之類的問題，常常感到一言難盡，因為要解釋起來太複雜了。

長知識❸

## 神社的規則與心得？

神社畢竟是參拜的場所，一般的神社境內基本上都有下列 4 項設施。

「鳥居」，是將神明與凡人的世界分開的門，前往本殿的「參道」，就是參拜之道。洗淨身心的「手水舍」。然後就是參道盡頭的「本殿」，本殿乃是神明所居住的重要場所，必須保持安靜不受打擾。請注意本殿內禁止攝影。

長知識❹

## 手水舍的使用方法？

① 右手持水勺清洗左手。
② 左手持水勺清洗右手。
③ 再度用右手握著水勺，把水舀到左手上接著，以左手將水送入口中，漱口後吐在地上的排水溝內。
④ 再次清洗左手，最後將水勺的柄也用水沖洗乾淨。
⑤ 把水勺歸回原位。

長知識❺

## 如何參拜神明？

一般的神社「二禮二拍手一禮」
出雲大社「二禮四拍手一禮」

參拜時穿什麼呢？抱著與長輩、長官見面時的心情來穿就對了。儘量穿上用心準備的衣服，特別是祈求、許願等正式的參拜時，請穿上衣領可以合攏的襯衫與外套之類。無論男性女性，都以正式服裝為宜。

地址 ADDRESS 宮崎県日南市宮浦 3232

# 鵜戸神宮
## Udo Jingu

126

海洋信仰的聖地「鵜戸神宮」。本殿建築在海蝕洞中，很靠近被海浪拍擊的海岸。鵜戸神宮主要祭祀曾在《日本書紀》、《古事記》登場過的豐玉姫神，相傳豐玉姫神在此為婦女設立產房，因此宮崎縣內、縣外的參拜者，每天絡繹不絕地前來祈求安產與良緣。本堂還安置著六觀音，從而被譽為「西之高野」，與高野山並稱。明治維新的同時，權現（佛菩薩）、寺院都被廢除，才改為鵜戸神社，之後因受到政府資助，成為官幣大社（由皇宮補助），因此才升格為鵜戸神宮。參拜鵜戸神宮後，來挑戰投擲「運玉」吧。這是將運玉（小石頭），丟到龜形岩上，成功丟入的話，願望就能實現。而且規定男性要用左手，女性要用右手丟。難度很高。

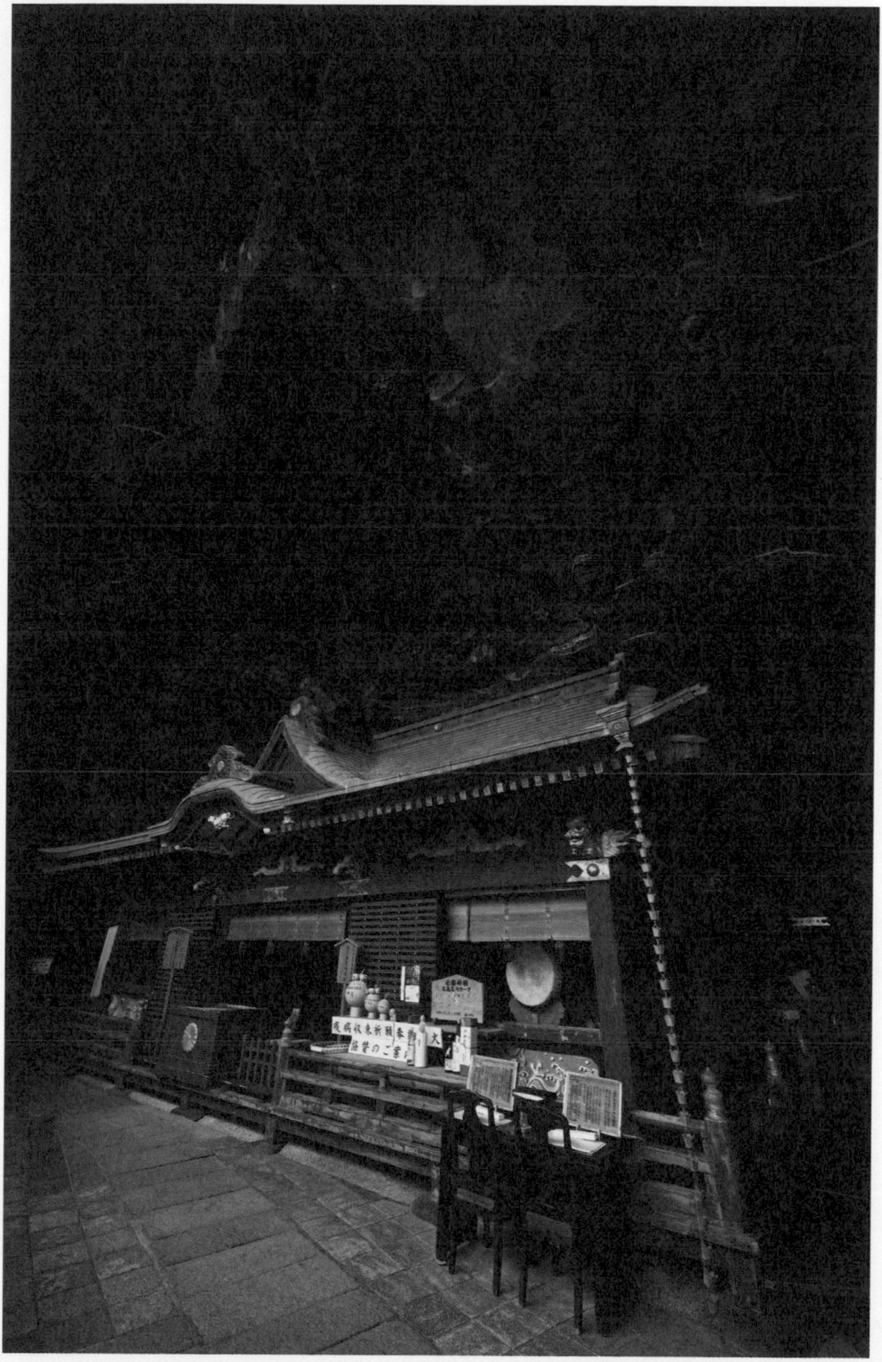

地　址
ADDRESS　宮崎県日南市宮浦

# 波切神社
Nakirijinja Shrine

127

少數人才知道的「波切神社」就在鵜戶神宮的內部，位於海浪侵蝕形成的海蝕洞中，是個具有神祕色彩的神社，海潮聲迴盪，不絕於耳。比起知名的鵜戶神宮御本殿，波切神社罕有人跡，一路都是沒遭受到破壞的自然原生環境。儘管如此，每年一次的例祭時，漁夫們一定會來面對著大海祈求豐收，波切神社仍是永遠不變的聖地。用魚形裝飾的洞窟、侵蝕後造型奇特的岩石、被海風侵蝕的鳥居，我在這裡找到了觀光景點背後的祕境。

香川 Kagawa
地 址
ADDRESS 香川県観音寺市高屋町 2800

# 高屋神社
## Takaya Shrine

128

「高屋神社」讓人帶著微笑來訪，一臉幸福地離開。位在香川縣稻積山，由來已久的白色鳥居又被稱為「天空鳥居」。在天空鳥居前，居高臨下地眺望瀨戶內海、中央部的燧灘、有明海岸，把山與海一起收入眼底。多久沒有為了眼前的美景起雞皮疙瘩了？即使日本旅遊的次數多不勝數，這裡的景色仍是深深地烙印在我記憶中，印象鮮明。高屋神社能保佑信徒家內安全、商賣繁盛、交通安全、開運除厄、學業向上、夫婦和合、安產、無病消災等等，好處很多。吸引著縣內縣外的信徒前來。看板上寫著這裡也是增進財運的能量景點。是不可錯過的香川縣祕境。

### ▲ 注意事項

前往的方法有 3 種，「爬山（1 小時）」、「來回巴士」、「自駕」。需注意每週會有幾天禁止行車。我來到這裡的時候，規定「早上 10 點前必須下山」，因此只能一早前往。山路幾乎都是狹窄危險的單行道，不習慣開車的人請小心。除了徒步上山外，其他的走法都是直接抵達高屋神社，進入神社境內。

鹿児島 Kagoshima　地址 ADDRESS　鹿児島県鹿児島市黒神町 647

# 黒神埋没鳥居
## Kurokami Buried Shrine Gate

# 129

大正時代火山噴發（1914 年 1 月 12 日）的隔天，黑神地區的「腹五社神社（黑神神社）」的鳥居被埋住了。噴發結束後，居民想將鳥居挖出來，然而當時的村長決定保留原狀：「讓後人保有火山爆發的記憶。」此地成為鹿兒島縣民的紀念場所，在櫻島與火山共生，永遠流傳後世。至於旁邊奇蹟般存活的赤榕樹，彷彿在旁守護著鳥居，在此也能感受到地球的脈搏，我認為這裡是對全世界都很重要的存在。

▲ **注意事項**　入內酌收參觀費用

島根 Shimane

地　址
ADDRESS　島根県益田市小浜町 630

# 衣毘須神社
## Ebisu Shrine

130

祭祀「惠比壽神 *」的「衣毘須神社」位在島根縣益田市的小濱海岸，會隨著天候跟潮水的變化時隱時現。由於遠看像個被日本海包圍的小城，所以也得到了「山陰的聖米歇爾」之名。神社矗立在被稱為「宮島」的礁石上，突出在碧綠的海面上，非常聖潔。日本的大畫家東山魁夷曾受到宮內廳的委託，以此地為模特兒，畫出了壁畫〈朝明之潮〉，日本搖滾樂團 Mr.Children 也曾特地來過，吸引了一部分的粉絲們愛屋及烏。從山口縣沿海前往島根縣的路上就會經過此地，請掌握漲潮退潮的時間來訪。

**豆知識**

**關於「惠比壽神」**

負責在神無月（10 月）留在出雲地方看家的惠比壽神，能保佑大家商賣繁盛、大漁祈願、五穀豐收，無論是什麼職業的人，一個不漏的，都會賜予福利跟保佑。「惠比壽講」是「惠比壽神」的祭典，祭典時，攤商聚集販賣結緣品、抬神轎、放煙火，附近的商店聯合起來，熱鬧盛大的慶祝著。

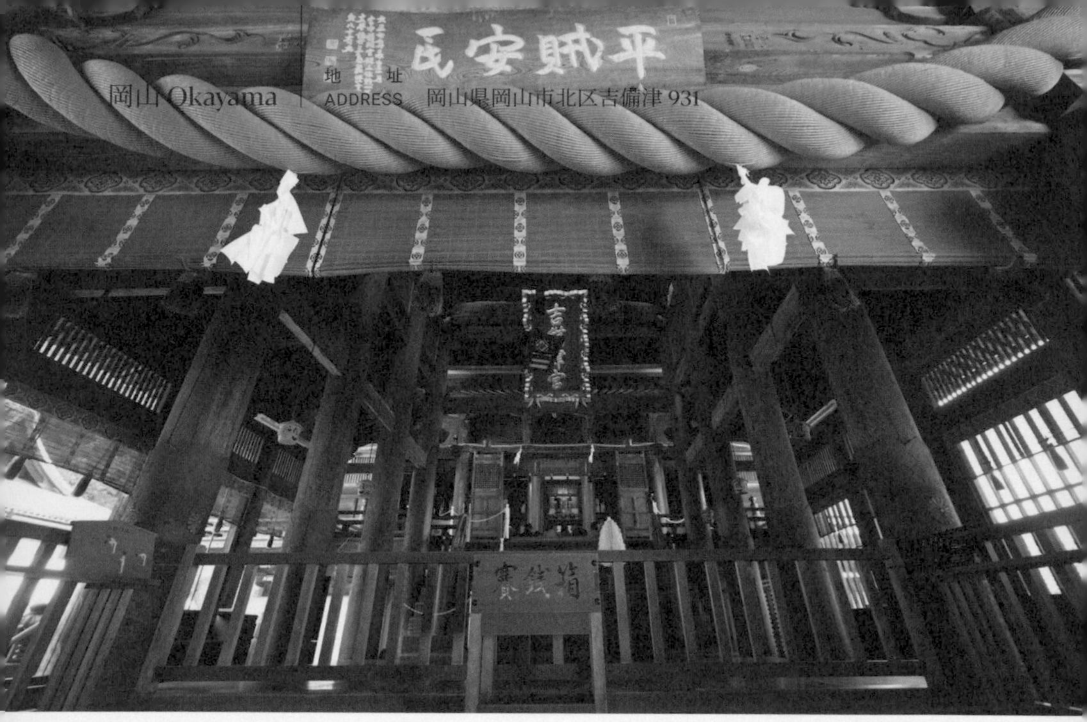

岡山 Okayama ｜ 地址 ADDRESS 岡山県岡山市北区吉備津931

# 吉備津神社
## Kibitsu Shrine

131

「吉備津神社＊」是岡山縣內最古老、最大的神社，也是桃太郎傳說的起源地。桃太郎的傳說在日本各地都有，然而據信吉備津神社的「吉備津彥命」與「溫羅傳說」乃是桃太郎與鬼的原型。連接本殿到境內南側的本宮社之間，約有380公尺的迴廊，勾勒出優美的曲線，站在迴廊上，彎曲的走道會令人幾乎無法看見稍遠處的人。本殿與拜殿都在室町時代初期（1425年）以古老的「比翼入母屋造法」重建過，使用此法建造的建築，國內僅存這兩處，因此也稱為「吉備津造法」，現在都被指定為國寶。我在秋天時來訪，銀杏葉恰好染黃，整面都像黃色的絨毯似的，醞釀成幻想世界才有的景觀。

被指定為重要文化財的「御竈殿」內，傳說這裡埋著被打退的鬼的頭，現在也仍是祭神的場所。在江戶時代的鬼怪小說《雨月物語》登場過，用大釜的聲音來占卜吉凶的故事「鳴釜神事」，也仍實際進行中，「置矢岩」則放著打退惡鬼所使用的「箭矢」等等，這裡能接觸到與傳說起源有關的文物，可說是吉備津神社的魅力之一。

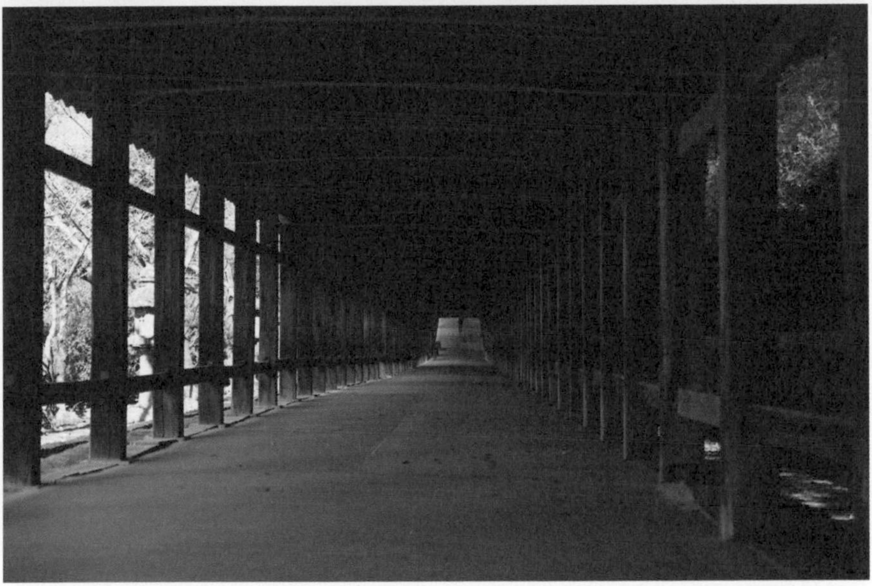

這個滿載著古代謎團的神社，能祈求姻緣、安產、育兒、長壽、增進財運等等，有多方面的好處。這裡也是岡山縣首屈一指的能量地點，歡迎前來參拜。

### 豆知識

**吉備津神社創建的兩種說法：**

第一個說法是「仁德天皇來此地造訪時、為了稱揚大吉備津彥的功績而創立」。另一個說法是「大吉備津彥命的第 5 代孫，加夜臣奈留美為了祭祀祖神才創建此地」。大概都是借用古代日本史實來假託附會，將傳說賦予可信度的說法。

徳島 Tokushima | 地址 ADDRESS 徳島県海部郡海陽町平井王余魚谷 21

# 轟神社
## Todoroki Shrine

# 132

參訪了德島縣最後的秘境「轟神社」。

今日多雲，轟神社位於德島縣南部的海部郡、海陽町，從車內向遠處眺望，山巒被霧氣籠罩，稍微開著的車窗，傳入草木、泥土的芳香。人跡罕至，更毫無市井的吵雜，就這樣一路前往更寂靜的深山中。

從桃山時代（1591年）起就一直守護著瀑布的轟本瀧神社，非常靠近所祭拜的瀑布，能把瀑布傳來的轟然聲響聽得一清二楚。這一帶所有的瀑布總稱為「轟九十九滝」，轟本瀧瀑布為其中之一。高低差最大（約 60 公尺）的就是轟本瀧瀑布，其他還有：二重瀑布、不動瀑布、横見瀑布、舟形瀑布、丸渕瀑布、鳥返瀑布、大鳥小鳥瀑布、三十三才瀑布、鍋割瀑布陸續相連著，果真是瀑布聖地。

轟神社也恭奉著水神「水象女命」。是身處在瀑布中能夠支配水的女神，因此缺水

時期，傳說可到轟神社乞雨。我造訪此地時，在神社境內僅僅碰見一位男性，他全身上下穿了白衣，似乎是為了修行而來。轟神社舉行的「瀧渡御」是每年 11 月舉辦的祭典，男人們抬起神轎，從轟神社走下陡峭的階梯，直接踏入瀑布中，這是祭典的壓軸與高潮。光是靠近瀑布，全身都會被水花包圍，宛如以身體去實際感知那無形的日本神明與古老神道教 * 信仰的力量。

**豆知識**

**何謂神道教的靈魂觀？**

神道教認為神明有一靈四魂。其中「荒魂」與「和魂」就像互補的兩面。荒魂是粗魯勇敢的，和魂是溫柔慈愛的。轟神社祭祀的水象女命是和魂，轟本瀧神社則是荒魂。

熊本 Kumamoto | 地址 ADDRESS 熊本県阿蘇郡高森町上色見 2619

# 上色見熊野座神社
## Kamishikimi Kumanoimasu Shrine

133

神一定就在這裡吧！「上色見熊野座神社」，位於熊本縣阿蘇地區的高森町，寂靜的森林中 280 階的台階上布滿苔蘚，97 座石燈籠將人類引入神殿。日光從枝葉間漏下，聞著雨後的泥土香氣，來到被譽為「異世界的入口」的鳥居前，大自然的表情隨時改變中，呼吸間都能感覺到神明的存在。現在的神社創設於享保 7 年（1722 年）。傳說中是從紀伊半島南端、和歌山縣南部、三重縣南部那邊移過來的。上色見熊野座神社的神木「梛木（竹柏）」，音同「風止」，傳說有平定風浪的能力，從古至今都深信梛葉有驅魔的能力。又因為把梛葉橫向撕開是很難的，古來相信男女間的「姻緣」能用梛木的葉子加以強化，保佑人與人的結緣。神殿後方，有個直徑 10 公尺以上的大風洞「穿戶岩 *」。貫穿岩山的巨大的風洞，象徵無論多困難的目標也能達成，保佑信徒「合格」、「必勝」。過訪熊本縣阿蘇山時，來這裡參拜吧。

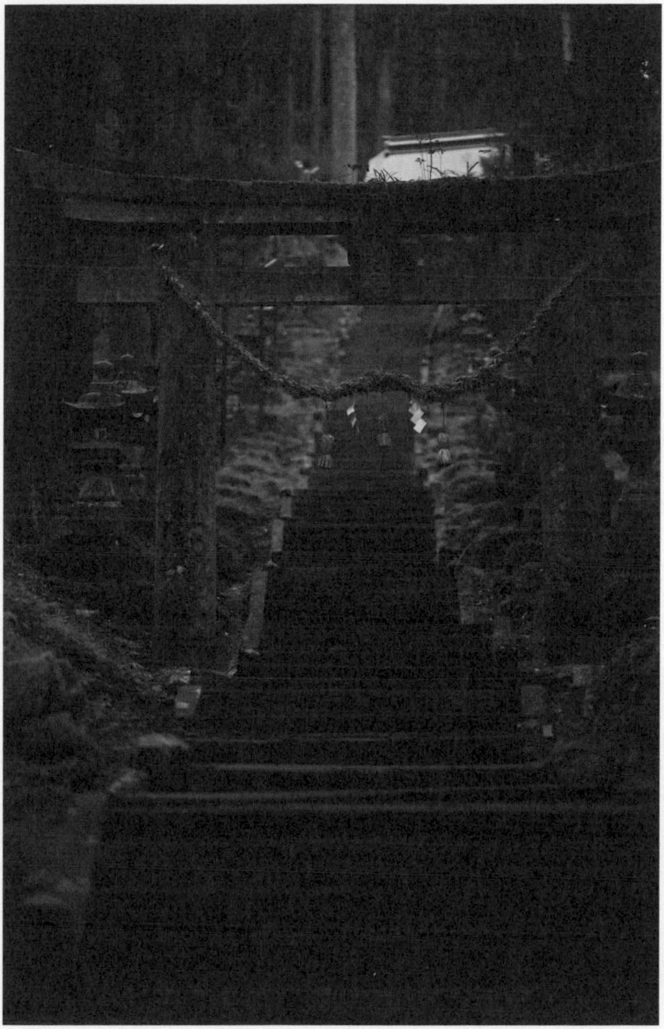

## 豆知識

**何謂穿戶岩的傳說？**

很久以前，善於射箭的阿蘇大明神，從阿蘇山頂拉弓射向遠處。阿蘇大明神的侍從，傳說是九州山岳地帶霜雪化身成的「鬼八法師」，認為每次都要幫他撿回箭矢太麻煩了，所以用腳趾夾起地上的箭，扔了回來。但是此舉激怒了阿蘇大明神，他把鬼八法師追得團團轉，鬼八法師向上色外輪山方向逃去，然而有岩壁（穿戶岩）擋了他的路，鬼八法師走投無路，就用力踹了岩壁一腳，岩壁開了一個大洞，他才得以順利逃走。這個岩壁後世被稱為「穿戶岩」，也是上色見熊野座神社所祭拜的神。

# 134

山口 Yamaguchi ｜ 山口県長門市油谷津黄 498

## 元乃隅神社
Motonosumi Inari Shrine

元乃隅神社曾被美國 CNN 新聞台選為「日本最美的 31 處場所」之一。迎著日本海的波濤洶湧，全長 100 公尺以上連續排列的鳥居全部有 123 座。

# 135

⛩ 島根 Shimane | 島根県出雲市大社町日御碕 455

## 日御碕神社 · 経島

Hinomisaki Shrine · Fumishima

日御碕神社 · 經島

「日御碕神社」位於「經島」，神社中祭祀著神話中的主角「二之宮」，紅色的樓門色彩鮮明，經島也是國內少見的海鳥的棲息地。經島表面乍看是漆成白色的，事實上是覆蓋了滿滿的約 1,000 隻海鳥的大便。

# 136

三重 Mie ｜ 三重県熊野市有馬町上地 130

## 花窟神社
Hananoiwaya Shrine

日本最古老的神社「花之窟」，在《日本書紀》內也有所記載。相傳眾神的母親「伊弉冊尊（伊邪那美命）」，產下火神「軻遇突智（火之迦具土）」，卻被灼傷而死，死後埋葬在皇室的墓地「花之窟」內。平成16年（2004年），「紀伊山地靈場與參詣道」登錄為世界遺產。

# 137

島根 Shimane｜島根県大田市大森町イ 1477

## 城上神社（石見銀山）

## Kigami Shrine（Iwami Ginzan）

早在江戶時代前，就受到石見銀山周邊居民們愛戴崇敬的神社。1818 年建造的大殿内，裝飾著天井畫「鳴龍（轟龍）」，龍在天空中飛舞，如果站在天花板的正下方拍手，就能聽到「龍鳴」。

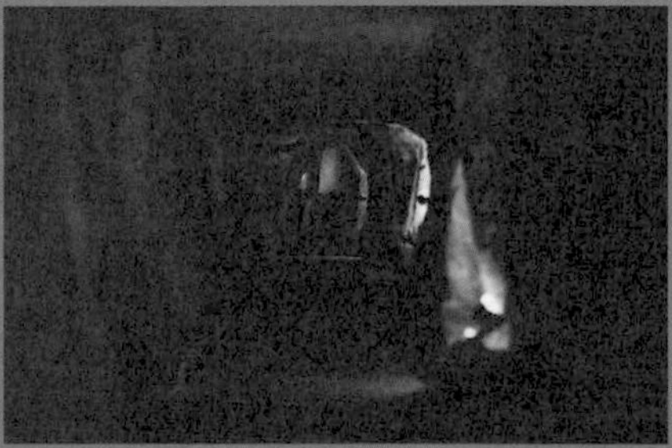

# 138

京都 Kyoto｜京都府京都市伏見区深草向ケ原町 89-2

## 大岩神社
## Oiwa Shrine

祭拜著大岩山中原有的大岩與小岩，傳說能杜絕疫病的「大岩神社」。在石造的鳥居上就刻著「大岩大神」、「小岩大神」的字樣。石雕上不只刻著女神、士兵，還有飛鳥等等的動物。聽說能治癒重病而受到信仰，特別是結核病、心臟等相關疾病，是個充滿異界靈氣的神社。

# 139

⛩ 佐賀 Saga | 佐賀県鹿島市古枝乙 1855

## 祐德稻荷神社
Yūtoku Inari Shrine

祐徳稲荷神社

佐賀縣鹿島市的祐德稻荷神社，與伏見稻荷大社、笠間稻荷神社、豐川稻荷神社並列為稻荷神社的代表之一。包括衣食住行、商賣繁盛、家運繁榮、交通安全、感情關係等等，可說是生活中不可缺的守護神。每年約有 300 萬人次的參拜者到訪，是佐賀數一數二的觀光地點。

地　址
ADDRESS　長崎県長崎市坂本 2-6-50

# 山王神社．一本柱鳥居
## Sannou Shrine · Single Pillar Gateway

140

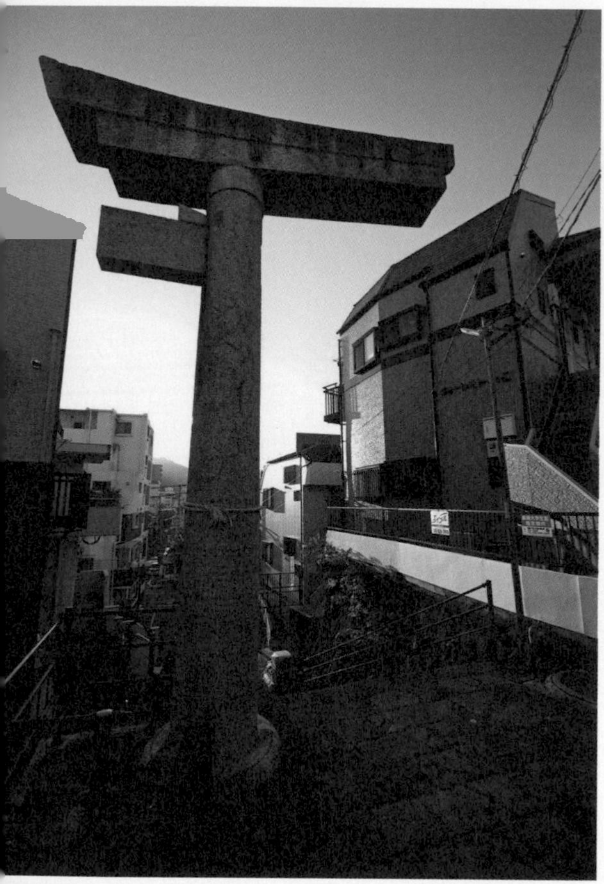

被原子彈炸掉一半的「一本柱鳥居」，仍在「山王神社」的參道邊繼續守護著熙熙攘攘的行人們。山王神社從明治元年（1868年）創立至今，原本有 4 個鳥居，原子彈攻擊後，倖存的「一鳥居」不久也因車禍倒了，只剩下半座「二鳥居」。山王神社距離原爆中心約 800 公尺，「二鳥居」雖只剩下一根柱子，卻仍威風凜凜沒有倒下，這件奇妙的事蹟被人們記錄下來，以「長崎原爆遺跡」之名，登錄為國有文化財產。一本柱鳥居的遺跡位在神社後方，刻有捐贈人姓名的紀念碑不知所蹤，神社前的楠樹樹葉沒了、樹幹燒傷，卻以生命的力量沒有敗給這段困苦歷史，不僅復活過來，重新發芽，甚至再度枝葉繁茂，活躍在現代生活中，眼看楠樹上掛滿了千羽鶴，這樣的畫面真令人胸中熱血澎湃。

# 長崎の原爆とは

## 長崎原爆事件

1945年8月6日、8月9日，日本分別遭到2枚原子彈攻擊的廣島與長崎，總共奪走了21萬多人的生命。為什麼沒在東京投下原子彈呢？因為比起東京、大阪等地，廣島不但設有日本軍隊的據點、兵工廠，也比較少受到大規模的空襲，所以廣島才排上了核子武器的試驗名單。美軍原本並沒有打算轟炸長崎，原是預定要在福岡縣小倉市（現為北九州市）投彈，誰知當天天氣不佳，才換成第二順位的長崎。

利用核反應製成的「核子武器」，殺傷力遙遙領先過去戰爭中使用的兵器。核武的威力來自三部分：紅外線、爆風、輻射線。核彈爆發時，會引燃超過數十萬度的大火球，而紅外線靠近爆炸核的溫度大約在3,000度～4,000度之間。接近核爆地點的人，暴露在紅外線下，幾乎在瞬間或幾天後就會死亡。接下來是牙齦出血、脫毛等「急性症狀」發作。甲狀腺機能低落、白內障、心肌梗塞、癌症等等死亡的人也會增加。當時的受害者們領有原爆者健康手冊，就醫的醫療費用由政府負擔。現在，仍約有20萬人領有這種手冊。原子彈引發的病叫做「原爆症」，過去的傷口仍殘留在現代。

# 大和之西

忍者、武士的國度，漫畫、動畫的國度，禮儀、滿員電車的國度，不同的人們描繪出的日本也各有各的模樣。對我來說，日本是「神的國度」。日本的神沒有形體，只敬拜自然。我們偉大的祖先還真酷啊！幼時的神社感覺很親切，對小孩來說，神社不過是建築風格不太一樣，也是人們投錢祈求神籤的地方。一年年過去，原本習以為常的神社風景卻在不斷改變的時代變遷中脫穎而出，絲毫不為所動，才知道這是一種「不移不轉」的事物。

不會變的，就是自我的歸屬。

離開日本時，這個世界、這個時代、這個瞬間活著的我是誰呢？我開始思考這些不可思議的事。旅行在 20 幾個國家之間，全心向外探索，向外追尋的最終，卻又回歸到自身的內側。所有尋訪的場所最後又會變成自己的一部分，歸結到自己手中。想認識自我，想認識一直就在身邊、因此從來沒有認真注視過的國家。想了解孕育自己的土地、自己的故鄉。正因如此，一回神才發現，有許多人支持著我，讓我能在此寫下這些文字。

春夏秋冬、品味著一時一瞬養成的日本氣息，裝飾著令和時代的豐富的近代科技，各地傳承著的方言、風俗、技藝、家族。為了追尋自己的道路，為了理解鏡中的自己，為了將黑白世界染上色彩，我體驗了各種不可思議的事。就這樣，終於進入視野的，是刻畫在這個平和的日本國中「絕對不能遺忘的事」。那就是琉球的歷史、沖繩的地面戰、長崎與廣島的核子彈等等。美麗的風景後面有過去歷史的許多痕跡。無法美化，又幾乎不被重視。祖先們對未來的期許，日本列島的後代緊緊相連似地……如今，我們不再處於被戰爭所迫的危急狀態，但仍有傳達使命的必要，為了不讓過去的悲慘事件再次發生，記錄與傳達是必要的！在日本的土地上來回奔走，訪問日本人、拍攝日本的我的單薄的手，終究會在這個廣大的地球上留下什麼吧？

攝影師 · 旅行作家

小林賢伍

# 西の大和

忍者・侍の国、漫画・アニメの国、礼儀・満員電車の国、人それぞれが描く日本の形。わたしにとって、日本は「神様の国」。日本の神は形を作らず、自然を拝む。偉大なる祖先はなかなかクールだ。幼少期から、神社は身近にありました。子どもにとっての神社は、一風変わった建築と自然があり、人々がお金を投げ祈り御神籤を引いている場所。歳を重ねて、当たり前だったその光景は、絶え間なく移り変わる時代の中を生き抜いてきた「変わらないもの」であったことを知りました。

変わらないもの・アイデンティティー。

日本を離れていた時、この世界、この時代、この瞬間に生きる自分は何者なのか。不思議とそんなことを考えるようになりました。20数カ国を旅しながら、外に向いていた関心は、外に出たことで内側（自分）に向いたようでした。訪れる場所はすべて、何らかの形で人（自分）の一部になり、最終的には自分の手まで戻ってきます。自分を知りたい。ずっと近くにあったのに、全く目を向けてこなかった国。生まれた土地、故郷を知りたい。そうして、気づけば多くの人たちに支えられながら、今この文字を書いています。

春夏秋冬、そのときそのとき生まれる日本の味わい。令和の時代を飾る豊かな近代技術。各地で伝承される方言、風習、習わし。家族。自分のルーツを追い求めてからは、鏡に映る人（自分）を理解できるような、白黒の世界に色が付いていくような、不可思議な体験をしました。そして、やっと視界に入ってきたものがあります。この平和な国・日本に刻まれた「忘れてはいけないもの」。それは、琉球の歴史、沖縄の地上戦、長崎と広島の原爆など、美しい景観の後ろで古びていく軌跡の数々です。美化できないものは、なかなか重要視されません。しかし、祖先の人々が未来を想い、この宝島を後世に繋げたように、今、戦争に駆り出される必要がない私たちも、再び起こしてはいけない過去の悲惨さを記録し、伝えていく必要があると思います。日本を歩き回り、日本の人と話し、日本を撮り、日本に触れたわたしの小さい手は、この大きな地球で一体何を残せるでしょうか。

写真家・旅行作家

小林賢伍

Wander 001

# 大和日記 西日本

YAMATO DIARY：WESTERN JAPAN


作　者　小林賢伍（Kengo Kobayashi）
攝　影　小林賢伍（Kengo Kobayashi）
譯　者　盧慧心、蔡宜玲
審　訂　盧慧心、蔡宜玲
美術設計　謝捲子
特約編輯　簡淑媛
製作協力　簡仕宥、林嘉慶
副總編輯　CHIENWEI WANG
社長暨總編輯　湯皓全

讀書共和國集團社長　郭重興
發行人暨出版總監　曾大福
出　版　鯨嶼文化有限公司
發　行　遠足文化事業股份有限公司
地　址　231 新北市新店區民權路 108-3 號 8 樓
電　話　(02) 22181417
傳　真　(02) 86671065
電子信箱　service@bookrep.com.tw
客服專線　0800-221-029
法律顧問　華洋國際專利事務所 蘇文生律師
印　刷　呈靖彩藝有限公司
初　版　2022 年 3 月
初版二刷　2022 年 5 月

贊　助　NIKON TAIWAN
本書攝影作品皆使用 NIKON Z6 無反光鏡相機拍攝
・Nikon Z 6
・NIKKOR Z 24-70mm f/4 S
・NIKKOR Z 14-30mm f/4 S
・AF-S NIKKOR 105mm f/1.4E ED
・Nikon FTZ 轉接環

旅　友　Alexandre Pereira ASSANO・Yuto Ozawa・稲国圭太・大城璃功・陳俊豪・菅野貴之
感　謝　Ellee Chiang・林晋億・侯宜佳・黃盈姿・邱聖峯・小林博美

定價 480 元
ISBN 978-626-95610-0-1
EISBN 978-626-95610-2-5（EPUB）
EISBN 978-626-95610-1-8（PDF）





國家圖書館出版品預行編目 (CIP) 資料

大和日記：西日本 / 小林賢伍著 . -- 初版 . -- 新北市：鯨嶼文化有限公司出版：遠足文化事業股份有限公司發行, 2022.03
248 面；14.8 × 21 公分 . -- (Wander；001)
ISBN 978-626-95610-0-1( 平裝 )

1. 遊記 2. 旅遊文學 3. 日本

731.9　　110021603


*Cover Image:

This cover has been designed by using open access resources from The Met Collection API and Freepik.com.

---

Yamato Diary: Western Japan
Sea Turtle (Emblem of Longevity)
The Met Collection API

---

Yamato Diary: Eastern Japan
Red-Crowned Crane
Freepik.com